暮らしの絵本

お仕事のマナーとコツ

西出博子◎監修
伊藤美樹◎絵

Gakken

はじめに

仕事は愉しくなくっちゃね!

「仕事を愉しくなんてムリですよー」

いえいえ、大丈夫。

みんなが〝マナー〟を身につけていれば、それは実現できます。

マナーとは〝相手の立場に立って物事を考え行動すること〟。

誰もがこのマナーを身につけていれば、トラブルは起きないのです。

お仕事のシーンでは、あなたの〝やる気〟や〝態度〟が評価されます。

しかし、どんなに気持ちはあっても、それをどのような形で表現をすればよいのか知らなかったために、相手を不快にさせたり、あなたの気持ちが相手に伝わらずに、上司や先輩に叱られたり……。

私も仕事の〝マナーとコツ〟を知らないときは、顔面蒼白の日々。

グチばかりをこぼす毎日でした。

でも今は違います。仕事の〝マナーとコツ〟を知って、それらを身につけたら、仕事がとても愉しくなりました。人間関係で悩むこともありません。

本書をご覧ください。愉しさに満ちあふれています。

この本はあなたに微笑みかけています。あなたの毎日が愉しくハッピーになるために、とっておきの〝お仕事のマナーとコツ〟をお届けします。


仕事をしている人はもちろんのこと、仕事をしていない人にも、今後のため、また、彼や彼女、ご主人などご家族のためにも、ぜひ、あなたに知っておいていただきたいマナーとコツが、本書には満載です。


本書を通して、あなたと出会えたことに感謝。

本書の関係者の皆さんと一緒に仕事をさせていただけたことに感謝。

お仕事に感謝。

西出博子

もくじ

第2章 仕事美人になるための、コツとアイディア……91

◎イラスト：伊藤美樹　◎デザイン：寺井恵司
◎編集・構成：服部深雪、坂本優美子（グリーンペペ）　◎編集協力：田中宏樹（学研）、高木直子、浅水麻知子

【お仕事10か条】

小手先のテクニックではなく人間力を身につける

喫煙マナー、イジメ、セクハラなど、これらは仕事の場でも問題になりますが、じつは仕事以前の「人としての問題」。「仕事」と「私生活」は同じではありませんが、仕事場では不作法だけれど、仕事以外ではできた人間だ…という人は、滅多にいません。「人間として成熟すること」が仕事名人になるための第一歩です。

大切なのはコミュニケーションをとろうとする姿勢

他人とまったくかかわりを持たないで完結する仕事はありません。どんな仕事にも必要なのが、コミュニケーション能力。コミュニケーション能力とは、弁舌のたくみさではなく、日頃から他人と会話しようとする姿勢の有無のことをいいます。

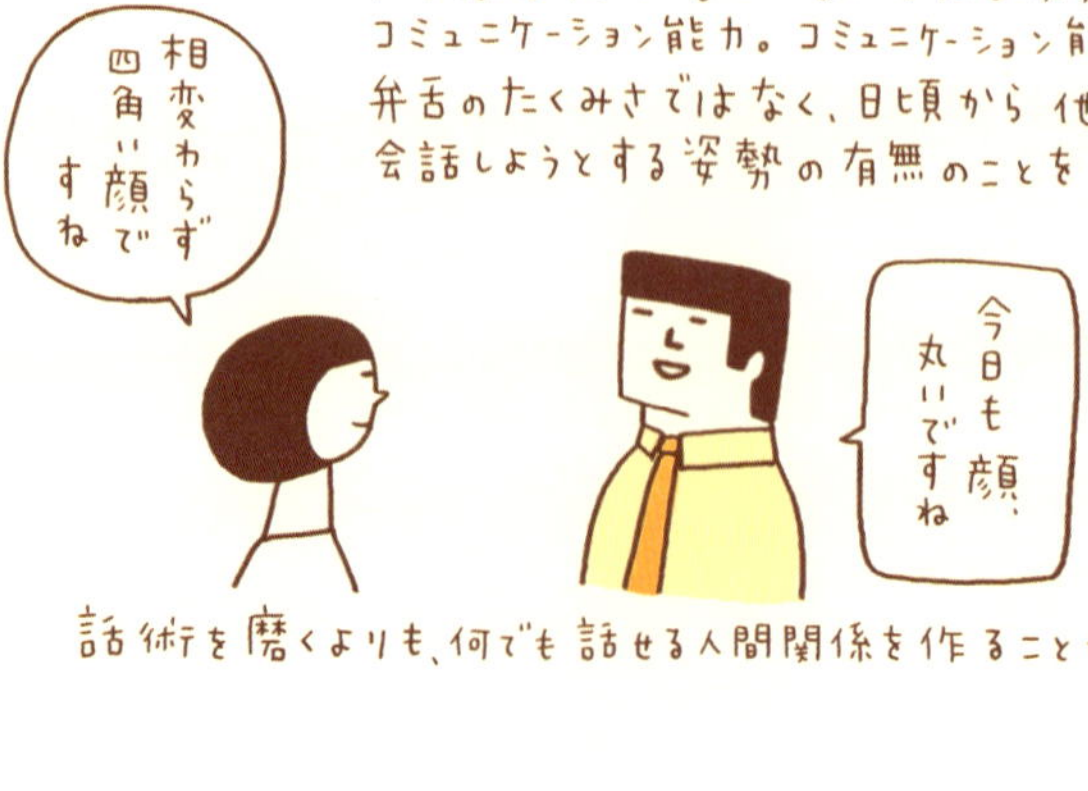
今日も顔、丸いですね
相変わらず四角い顔ですね

話術を磨くよりも、何でも話せる人間関係を作ることが大切。

「思いやり」とは想像力

お客様や消費者の立場に立つのと同様、仕事相手(関係者)の立場に立って物事を考えられるのが仕事名人。そして、そこに欠かせないのが想像力。つねに、相手が何を欲しているのか、どうすれば、快く仕事をしてもらえるかを、先回りして想像する習慣を身につけましょう。

仕事とプライベートはつながっている

仕事とプライベートは、分けて考えるのが常識です。でも同じ人間の行動や感情ですから、そのふたつを本当に切り離すことはなかなかできません。仕事を充実させるために、プライベートを最高の状態にする。「急がば回れ」だけれども、とっておきの方法です。

家を出たときから仕事は始まる

仕事は、仕事場についたときから始まるのではありません。あなたが仕事モードのスイッチを切っていたとしても、あなたを知る誰かが、街中でいつもと違うあなたを見たとしたら、それを「素のあなた」と思うことでしょう。一歩家を出たら、もう仕事は始まっていると考えて。

担った「役割」を果たすことが最優先

組織や仕事での上下関係とは、極端にいえば「役割分担」。それは、人としての優劣を格づけたものではなく、仕事を円滑に、機能的に進めるための約束ごとです。だからこそ、ときには「個」を犠牲にしても「組織」を優先させなければなりません。

4番バッターばかりを集めた野球チームが優勝するとは限りません。

締め切りがないものは、仕事ではなく趣味

「締め切り」があるということは、そこから誰かに「仕事」がバトンタッチされるということ。

多くの人間がそこにかかわっていることを認識し、時間管理をすることは、基本的な仕事のルールです。

プロ意識を持つ

あなたが行うことに対して1円でも対価が発生するならば、それは仕事であり、あなたはプロ。

アルバイトだから…、派遣だから…、そんなことは関係ありません。お客様や仕事相手に接するあなたは、そのときまぎれもなく、会社（や店舗）の代表なのです。

経営者の目線で考えてみる

もしあなたが経営者だとしたら…
従業員が、勤務時間内に長々と私用電話をしたり、仕事中に居眠りすることにガマンできますか？ 名前を呼んでもムシする態度を許せますか？
ときどき、経営者の立場に立って、「今の自分は会社が快く給料を出すほどの仕事をしているか」と考えてみましょう。

小さな「WIN-WIN」を積み重ねる

自分と仕事相手のどちらか一方が得をするのではなく、ともにプラスになるのが「WIN-WIN」。これは大きなビジネスの話だけではありません。大きな仕事も必ず小さな仕事に分解することができます。身近な仕事で「WIN-WIN」を積み重ねることが、大きな「WIN-WIN」につながるのです。

第1章

仕事名人になるための、マナーとルール

清潔感が第一条件

職場での服装はファッションではありません。流行の服や高価な服より、好感の持たれる服を。アイロンをかけ、汚れのない清潔な服装を心がけましょう。

周りに合わせて

新人のうちは、周囲に合わせた服装が◯。また、個性を強調するより、ややひかえめのほうが、さわやかな印象になります。

男性は

キチンとプレスされた服装が基本。スーツの場合、アイロンのかかったシャツに、派手すぎないネクタイを。ネクタイは結び目がゆるんでいたりするとだらしなく見えるので、やわらかい素材や、クタッとしている素材は避けましょう。

基本のヘア、メイク、ネイル

ヘア…顔周りにかからないように。アップスタイルの場合は、アクセサリーは小ぶりに。

メイク…
ナチュラルメイクが基本です。アイシャドーや口紅などは薄めの色をチョイスしましょう。反対に顔色が悪く見える場合は、チークなどで明るさを演出。

ネイル…
長い爪や、ネイルアートされた爪は職場には適しません。マニキュアは自分の爪を生かしてくれる透明感のある赤やピンクがおすすめ。ほかには上品さをかもし出してくれるベージュやオフホワイトのパールなどもOK。ただし、はげているのは見苦しいので注意。

服装だけでなく

髪型、顔色、目の充血、匂いなど、服だけでなく健康にいたるまでが身だしなみのうちです。ただ、いい匂いをさせようと、香水をふりかけるのはNG。

ナチュラルメイクが基本といっても、スッピンは社会人としてマナー違反。最低限、眉を整え、薄くファンデーションと口紅を塗りましょう。

制服のある会社では

"どうせ着替えるから、どんな格好でもいい"というわけではありません。あくまで、職場に向かうための服装です。

休日出勤の服装

休日出勤やカジュアルデーといっても、職場。ジャージやデニム、タンクトップといったカジュアルすぎるものは避けましょう。ただし、デスクワーク中心で外部の人に会う必要がなければ、スーツである必要はありません。

機能性

私服の会社では「機能性」も求められます。物がたくさんあるような仕事場で、そでの引っかかりそうな服はNG。というように職業に合わせた機能的な服が求められます。たとえば、引越しや移動のときなどは、トレーナーなどの動きやすい服装は"やる気のアピール"にもなります。

着こなし術

色は、黒、紺、ベージュ、グレーなどが無難。

スーツをあまり着ない仕事、職場でも、スーツ3着、シャツ7枚は最低限、揃えましょう。テーマカラーを決めて、それに合わせて揃えていくと着まわしがききます。

また、シンプルなデザインの物を揃えれば、スカーフやアクセサリーなどで変化を楽しめます。

持っているとベンリな小物

名刺・名刺入れ

社会人の必須アイテム、名刺。汚れたり、折れたりしないよう、名刺入れに入れておきましょう。

会社で名刺を作ってくれない場合は、会社名の入った名刺は持たないほうがよいでしょう。名刺はその人の分身。会社から支給された名刺以外は仕事中に使用することは厳禁です。

ただし、会社に了解を得た場合は作ってもよいでしょう。このときは、名刺を自分で作成してもよいという内容を会社から文書でもらっておき、名刺のデザインなどできたら上司に確認をとり、承諾を得ます。

社名などを入れずに、個人の名刺を作ることは問題ありません。この場合、名前とそのほか、相手に伝えてもよい情報のみを記載します。個人情報になるので、名刺に印字する情報は、自分でしっかり管理する必要があります。

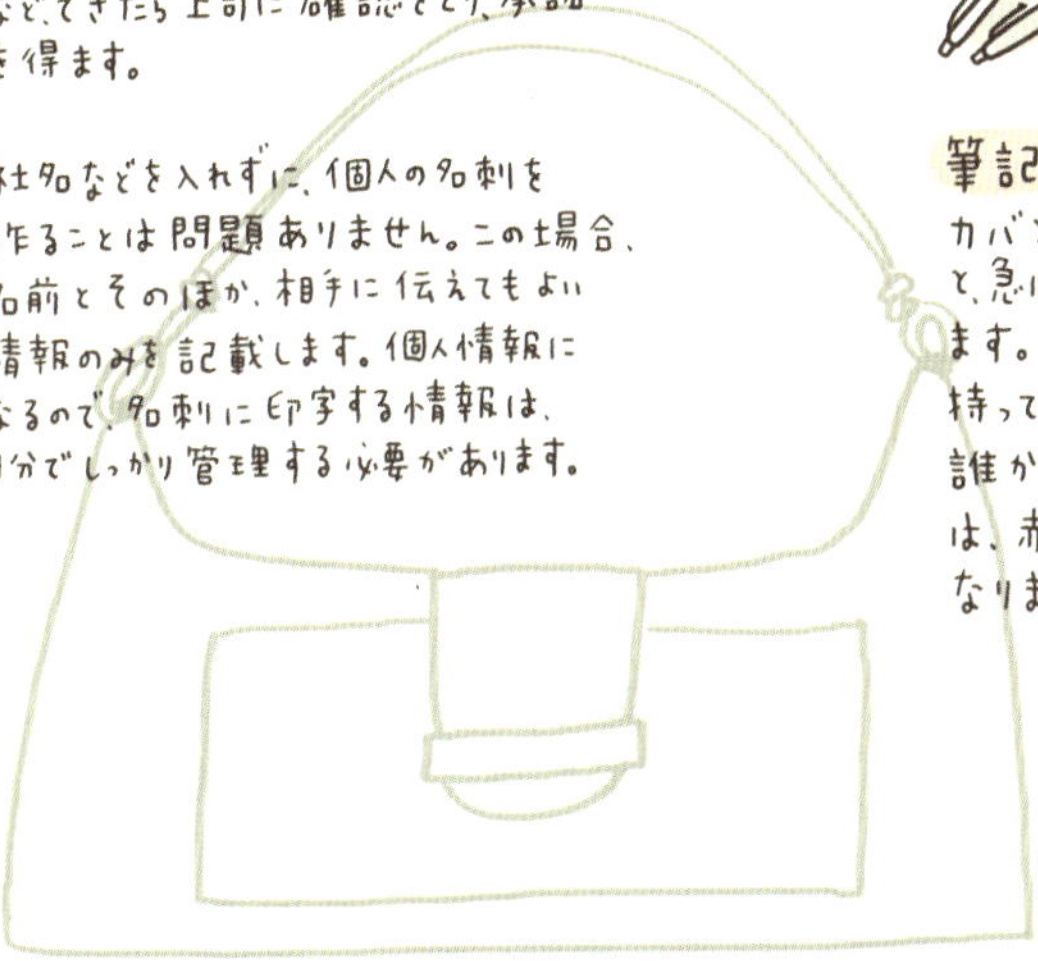

スケジュール帳＆メモ帳＆付せん紙

予定やメモを書きとめるものがあると、約束などを忘れません。

携帯電話でもスケジュールや電話番号を登録することはできますが、仕事相手の目の前で入力するのは、スマートな印象に欠けると評価されることも…。

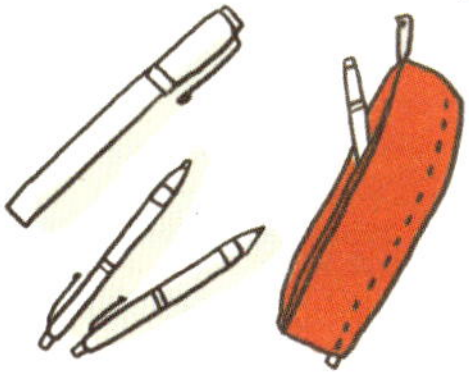

筆記用具

カバンの中に何本か入れておくと、急に必要となったときに役立ちます。黒だけでなく、赤と青を持っているとベンリです。ただし、誰かへのメッセージを書く場合は、赤い文字で書くと失礼になります。

あいさつをする、声をかける

Greeting Someone

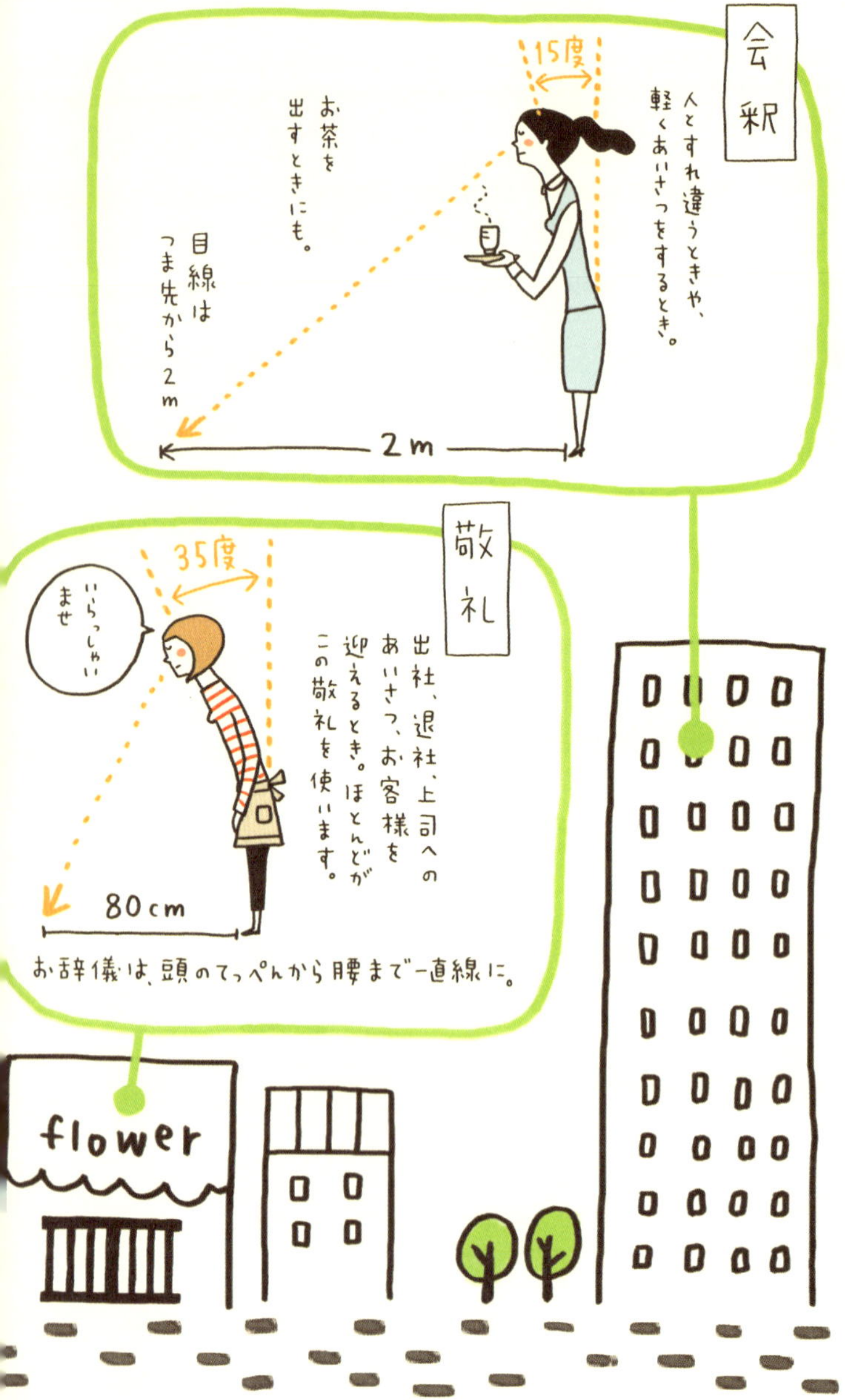

最敬礼

感謝や謝罪、大切なお客様にあいさつをするとき。もっとも丁寧なお辞儀です。

お辞儀の種類はいろいろですが、本来お辞儀は気持ちを込めたもの。したがって90度くらい上体を前に傾けることもあります。

表情

笑顔とよい姿勢は魅力的。ただし、大声で笑うのは、お仕事シーンでは不真面目な印象になるので、微笑みの瞳で口角をちょっぴり上げましょう。

込み合ったエレベーターや人の多いところで、知り合いに会った場合は、目礼をすると、好感度アップ！

声のかけかた

丸山師長

名前をつけることで、より丁寧な印象になります。

お仕事中、失礼いたします

とまずは、上司の仕事の手を止めることに対してお詫びを。その後、

少しお時間よろしいでしょうか？

と、うかがってから用件を伝えましょう。

廊下や社外で人に会ったら

あらっ豊島さんっ
今日はどうしたの?! また痔の具合がよくないの?!

大きな声で声をかけられて恥ずかしいこともあります。場合によっては、控えめな声で。すれ違うときには、相手の進路を妨害しないよう端によけ、軽く会釈しましょう。

和室での作法

ふすまを開けるときは3ステップで。

1 ひざをついて、引き手に手をかけて10cmほど開けます。

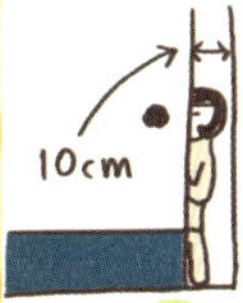

2 片手をふすまの縁にかけ、30cmほど開けます。

3 両手で体が通るくらいまで開けて、立ち上ります。

敷居や畳のへり、座布団はふまないこと。

最初は座布団の左側に座り、座布団の上に座るのは先方にすすめられてから。

座るときは、座布団を両手こぶしで押さえながらひざをのせます。

座布団に正座しているときは、両手はひざの上に揃えます。

洋室での作法

部屋に入る前は、必ずドアをノックしましょう。

ノックは3回。

イスに座ったままあいさつするのはNG。足を組んだり、背もたれによりかかるのも美しくありません。

名刺交換のしかた
アマイ製菓と共同開発する商品の打ち合わせです
カエル商事の太田さんですか?
初めまして。カエル商事の太田と申します
自分がどこの、何者なのかをしっかり伝えましょう。
応接室にご案内します
名刺を渡すタイミング
基本的には会った直後。ただし、会ってどこかに移動する場合は、落ち着く場所に着いてからでOK。
名刺はすぐに取り出せる場所に入れておきましょう。初めての人と会うときには最初から名刺入れを出しておきます。つねに10枚くらいは持ち歩く習慣を。
カエル商事商品開発部の太田かおりと申します
下の立場の人(訪問者)が先に出します。名刺は、相手が読める向きに。
社名・部署名・フルネームを名乗りましょう。
座ったまま渡すのはNG。立ち上がり、胸の高さで持ちましょう。
同時交換のときはお互いに右手で差し出しましょう。基本的に名刺は胸より上で取り扱いますが、相手の名刺より低い位置で渡すのは、謙虚さのアピールになります。
相手の名刺を受けとったら、「ちょうだいいたします。よろしくお願いいたします」と言います。
下のお名前は何とお読みするんですか?
このときに読みにくい漢字の読み方を聞くのは失礼ではありません。メールアドレスなどの小文字、大文字などの不明点、疑問点もこの時点で確認しましょう。
いきなり名刺入れにしまわず、名刺入れの上に置いておきます。
相手が複数の場合、すぐには全員の名前が覚えられなくて当然。座っている順番に並べておくと、とっさに名前が出ないときに役立ちます。机の上が資料などで埋まっているときには、一言断ってから名刺入れにしまいましょう。

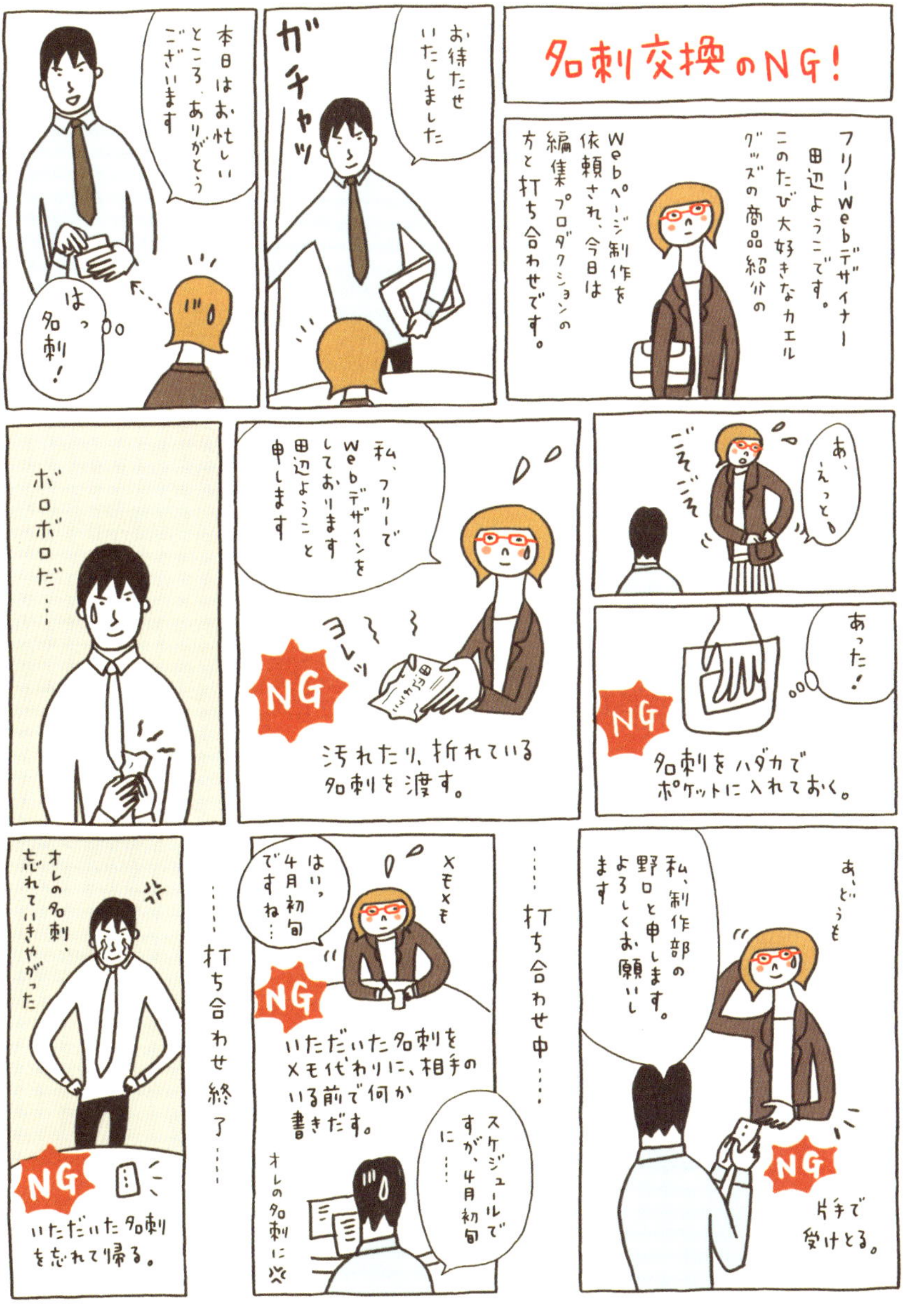
名刺交換のNG!
フリーWebデザイナー田辺ようこです。このたび大好きなカエルグッズの商品紹介のWebページ制作を依頼され、今日は編集プロダクションの方と打ち合わせです。
ガチャッ
お待たせいたしました
本日はお忙しいところ、ありがとうございます
はっ名刺!
あ、えっと。
ごそごそ
あった!
NG
名刺をハダカでポケットに入れておく。
私、フリーでWebデザインをしております田辺ようこと申します
ヨレッ
NG
汚れたり、折れている名刺を渡す。
ボロボロだ…
あ、どうも
私、制作部の野口と申します。よろしくお願いします
NG
片手で受けとる。
…打ち合わせ中…
メモメモ
はいっ 4月初旬ですね…
NG
いただいた名刺をメモ代わりに、相手のいる前で何か書きだす。
スケジュールですが、4月初旬に…
オレの名刺に
…打ち合わせ終了…
オレの名刺、忘れていきやがった
NG
いただいた名刺を忘れて帰る。

名刺ひとくちメモ

複数の人と会って、どんな人だったか忘れてしまいそうなときは、会社に戻ってから、名刺の裏にその人の特徴を書いておくと思い出せます。

エンピツで書くのがポイント。

多数の人と名刺交換したときは、名刺を並べて、まとめてコピー。その余白にメモ書きするのも手。

nothing

名刺を忘れてしまったり、きらしていたら、正直に「申し訳ありません。ただ今、名刺をきらしておりまして」と謝り、口頭で自分の会社名、フルネームを名乗りましょう。その後、詫び状とともに郵送しましょう。

対面せずに、電話やメールで仕事が始まった場合は、資料などを送るときに、名刺も一緒に送ると相手に安心感を与えます。また、相手に求められ、名刺をFAXする場合は、文字のつぶれを防ぐために、拡大したものと、切り取ってそのまま名刺ホルダーに入れられるよう、原寸のものを送信します。

名刺の整理方法

市販の名刺フォルダーに入れておくのが一般的。会社別、職種別など、自分が見やすいように分類しておくと、後で探すのがラクです。引き出しにしまっておくと探しづらく、また、机の上に出しっぱなしは、情報管理の意味でもNG。

紹介をお願いする

誰かに、その人の知っている人を紹介してもらうときは、直接の知り合いに丁重に、紹介の依頼を行います。相手との関係性にもよりますが、手紙かメールで依頼するのがよいでしょう。

間にたって紹介する人は事前に連絡を入れておくと双方に対して親切です。

作家の先生を紹介してください
大御所先生の小説の大ファンなので、ぜひとも連載をお願いしたいのです—
さんから連絡がいくと思うのでよろしくお願いします。

どういう目的で紹介してもらいたいのか、その詳細を明確に告げます。紹介してもらえるか否かは相手の判断にまかせます。紹介してもらえるためにも日頃からのコミュニケーションが大切!!

紹介された人に連絡するとき紹介者の名前を伝えることを忘れないで。

このたび　さんから紹介いただきましたメダカ出版の横田　と申します

紹介の順番

自分、または自分と親しい間柄から先に紹介します。同行している上司などが複数いる場合は役職が上の人から順番に。

双方の会社で、部長、課長、新入社員と3名ずつが名刺交換をする場合

① まずは、訪問側の部長が訪問先の部長と名刺交換。

② その後、(部長が)訪問先の課長と。

③ 最後に(部長が)訪問先の新入社員と。
少しずらして、訪問側の課長が、①～③を繰り返す。
そうすることで、上司から先に席に着くことができるのです。

ご紹介します。こちらは私どもの部長の本田です
訪問側
課長
部長
新入社員
②
①
③
課長
部長
新入社員
訪問先

社会人としての言葉づかい

アマイ製菓
開発部
OK
部長、お忙しいところ申し訳ございません。本日、14時にカエル商事の太田様と水野様がいらっしゃいます。試作品の確認をしたいとおっしゃってましたので、研究室の使用申請書に押印をお願いいたします。
NG
部長、お忙しいところすみません。本日、14時にカエル商事の太田様と水野様が来ます。試作品の確認をしたいと言ってましたので、研究室の使用申請書に押印をお願いします。
研究室B
OK
こちらが、弊社の技術の結晶の試作品です。どうぞ、お召し上がりください。
NG
こちらが、うちの会社の技術の結晶の試作品です。どうぞ、食べてください。
カエルチョコ
チョコをずんだでコーティングしました!
これはおいしいっっっ
ヒット商品になるよ!

避けるべきあいまいな言葉

「もしかしたら」「だいたい」「たぶん」「〜かもしれない」「〜ですが…」「〜な気がします」のようなハッキリとしない言葉は避けましょう。多用することで、相手からの信頼度が低くなってしまいます。もし、その場で回答できないのであれば、「申し訳ございません。私ではわかりかねますので後ほど改めてご連絡させていただければ幸いです」と、いったん打ち切りましょう。

×
3時まではうかがいます
結局何時にくるのかわからないので、もっとポイントをしぼり、
2時30分〜3時の間におうかがいします
×
明日までにはお返事ください
明日の何時までかを明確に。
×
明日までにお送りいただけないようでしたらお送りいただかなくて結構です
本人としては最後通告のつもりでも、文字通り送ってもらえない可能性大。

耳障りな言葉

このような若者言葉は、仕事をするうえで、非常に幼稚な印象を与え、目上の人からイヤがられます。また語尾をのばす話しかたもNG。

〜とか
〜っていうか
〜的には
超
〜だし
〜みたいな

受けとりかたが異なる言いかたはしない

「ちょっと」「少し」「けっこう」といった、人によって感覚の違う表現は避けましょう。

「それほど大きくないです」ではなく「携帯電話くらいの大きさです」と、共通の認識のできるものを例にあげるとわかりやすいです。

ちょっと大き目です
それにするわ!!
じゅる

専門用語やカタカナを使いすぎない

ひいてる…？
お…
…

また、流行語はすぐに古くなるので、いつまでも使いすぎると相手にひかれるおそれも…

おっはー
米山さーん起きてくださーい！

相手の立場に立った行動や発言、それが"マナー"です♡

寝てる⁉
お顔のウィンドウを開いて…
頭のアプリケーションを立ち上げて…

話す相手が同業者で、同じような言葉に囲まれている人ならOKですが、異業種の人と話す場合には、専門用語やカタカナばかりで話すのはやめましょう。

余裕をみて

交通機関の事故や渋滞により始業時刻に間に合わないこともあります。決められた出勤時刻より、さらに10分くらい早めの到着を心がけましょう。遅れそうなら、別のルートを考えたり、そのむねを早めに伝えます。

通勤ラッシュ時のテクニック

通勤ルートを一度見直してみましょう。少し遠回りだけれど、ひと駅戻れば始発駅…。これなら座ることができます。

また階段付近の出入口より、少し離れているほうが空いています。朝は、同じ電車の同じ車両に乗る人が多いので、早目に降りる人をチェックしておくのも手。

痴漢にあったら

相手の顔を見られるようならニラみつけましょう。そして周囲の人に「助けてください!!」とSOSを発信！ ひとりで対処するのは危険です。

出社時間の考えかた

早めに出社し、デスクの上をふいたり、冷暖房の調節やお湯を沸かしたり…ほかの方々が出社して気持ちよくスムーズに仕事ができるように、することはたくさんあります。

何となく「よい子ちゃんぶっていると思われるのがイヤだからできない」と思っても、評価は他人がするもの。まずは自分にできることは積極的に行ってみて。

実務だけが〝シゴト〟ではありません。会社にいる時間は掃除やお茶出しもふくめてすべてあなたの労力として評価され、それがお給料へとつながります。周囲には、あなたの行動を高く評価してくれる人がきっといます！

もちろん会社から「こういうことはしなくていいよ」と言われれば素直に「はい。かしこまりました」と対応します。

出社をしたら

業務開始 10分前には席に着くようにし、その日の仕事の段取りを考え 準備をしましょう。まだ時間があるからといって 雑誌を読むなど、仕事に関係のないことをするのは×。

上司や先輩よりも先に帰る場合

終業時間前から帰る準備をしたり、あいさつをしないでコソコソ帰るのは

NG!

その日行った仕事の報告をし「本日はこれで失礼させていただきます」「お先に失礼します」などしっかりあいさつをしましょう。もし、上司や先輩が忙しそうにしていたら「何かお手伝いすることはありますか」と心づかいをみせて。また、あらたまった報告ではなくても、「ちょっとした雑談」の習慣をつけておけば、話をしやすくなるし、それが退社の合図になります。

終業時刻に仕事が終わらなかったら

「今日は用事があるので残業はできません」と断るのではなく、明日、早く出社することで間に合いますか？ など、代案を出しましょう。

呼びかた、肩書き

Addressing Someone by Position Title

職場での上司や同僚

カモメスーパー
店長
○
店長、「カエルチョコ」の在庫がありません
×
よしこちゃん、さっき入荷したみたいよ！
同期

「山田課長」あるいは「店長」のように、基本的には役職名で呼びましょう。

同僚や後輩に対しては「さん」づけで。同期だからといって、「クン」「ちゃん」やあだ名で呼び合うのは×。

社外の人に対して

自分の会社の人間のことを、社外の人と話す場合は、名字のみで、「部長の鈴木が……」と言います。電話で「鈴木さんをお願いします」と言われたときに、たとえ自分の上司であっても「鈴木さんは今、外出しています」と相手につられないように。

カエル商事
商品開発部
……部長の鈴木は、外出しております
○
はい、その件でしたら、先程アマイ製菓社の田中と確認しましたので、進めていただいて結構です。詳細については、ただ今水野がFAXをお送りしておりますので、ご確認ください。

呼び捨てにすることで"身内意識"を強くするというテクニックも。

社外の人と組んだ仕事で異なる会社の人と話すときは、組んだ人を呼び捨てにしてもOK。社内か社外かが境界になるのではなく、"身内意識"の有無が境界に。

男性が女性に対して

「愛子ちゃん」などと名前で呼ぶのは、職場ではルール違反です。

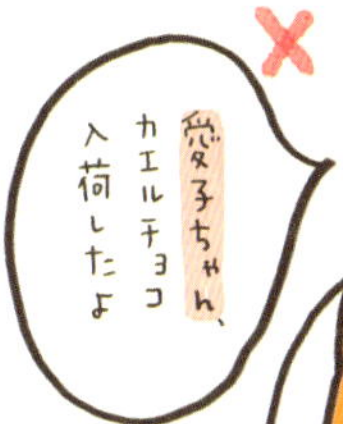
✕
愛子ちゃん、カエルチョコ入荷したよ

年上の後輩や部下に対して

職場によっては、後輩や部下を「クン」づけで呼ぶことがあります。しかし、自分より年上の人が後輩や部下の場合は「さん」づけで。

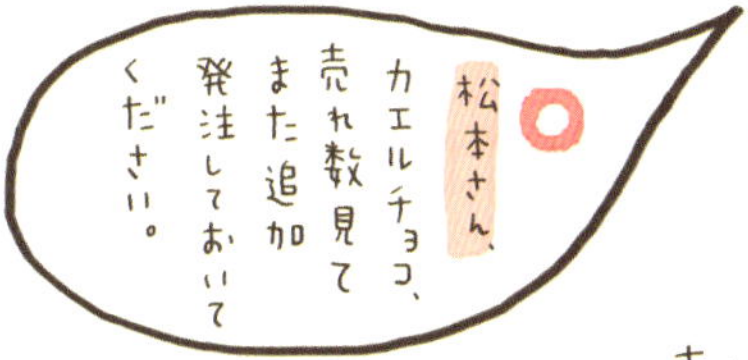
○
松本さん、カエルチョコ、売れ数見てまた追加発注しておいてください。

売場マネージャー

書類に肩書きを書く

FAXや書類で、先方の名前を書くときに「渡辺部長様」は間違い。肩書き自体が敬称になるので、「制作部長渡辺様」が正解。

○
S編集プロダクション
制作部長
渡辺 様

✕
S編集プロダクション
制作部
渡辺部長 様

肩書きが変わった

昨日まで同僚だった人物が上司になった場合、ほかの上司と接するように役職名で呼びます。

会社のカラーを見て

呼びかたや接しかたは、職場によって様々。先輩や上司を見て、それに合わせるようにしましょう。もし、誰に対しても「さん」づけで呼ぶような会社であれば、それにならいましょう。ここぞというときに、あえて役職名で呼び、責任を再認識させるのもテクニック。

課・長!!
同期
課長

なぜ文書を作成するのか

口頭で伝えるだけでは、間違いや誤解が生じることがあります。そこで、文章にし、意志疎通をはかる必要があります。さらに書類は残るものなので、後で何を伝えたかという証拠になります。

パソコンと手書き

ビジネス文書はパソコンを使って作ります。仕事上では、似たような文書を何回も使うのでフォーマットを作っておきましょう。必要な部分を書き換えるだけで使い回しがきく、といった利点があり、作業も迅速になります（コピーペーストしたとき違う固有名詞が残っていることがあるので要注意）。ただし、お礼状や詫び状といったものは、心を込めて手書きのものにすると、あなたの気持ちがよりいっそう伝わります。

土田さんが断った
お仕事がまわってきた
わけですね…

田辺　さま
―（略）―
ぜひとも土田様に、弊社のサイトを制作していただきたく、お願い申しあげます。

書きかたのポイント

正確に伝えることが第一目的。相手に見やすく、わかりやすくしましょう。一般的にはA4サイズに横書きで。件名（タイトル）をつけ、項目立てをして箇条書きにすると見やすいです。

社内文書

あいさつなど、よけいなことを書く必要はありません。仕事の効率をアップさせるためにも、伝えたい内容だけを書けばOK。ただし社内であっても一言ねぎらいの言葉があればモチベーションアップにつながります。

○年○月○日

○○部長

件名
カエルチョコプロジェクト会議について

主文
カエルチョコプロジェクト会議を下記の要領にて開催します。
部員全員の出席をお願いします。

記
1. 日時　○月○日（水）15時～
2. 場所　10階会議室
3. 内容　新商品「カエルチョコ」の販売目標の設定および、営業ルートの分担について

以上
○○部○○

〔主文〕本題を書き込む

〔記書き〕
金額や数量などを箇条書きにまとめる

右下に「以上」と書く。これが文書の終わったことの合図になる。

担当者名

社外文書

用件を伝える前に、時候のあいさつなどを書きます。会社の代表として文書を提出するので、より丁寧な言葉づかいを心がけ、誤字脱字がないよう、必ず再確認します。

〔前文〕時候のあいさつなど。
〔主文〕伝えたいことを簡潔に書く。
〔末文〕締めくくりのあいさつ。
〔記書き〕金額や数量などを箇条書きにまとめる。
〔付記〕書類が何枚なのかを書く。
文章の終わったことの合図。
〔担当者名〕一番最後に右端に合わせて社名、部署名、名前、連絡先を書く。

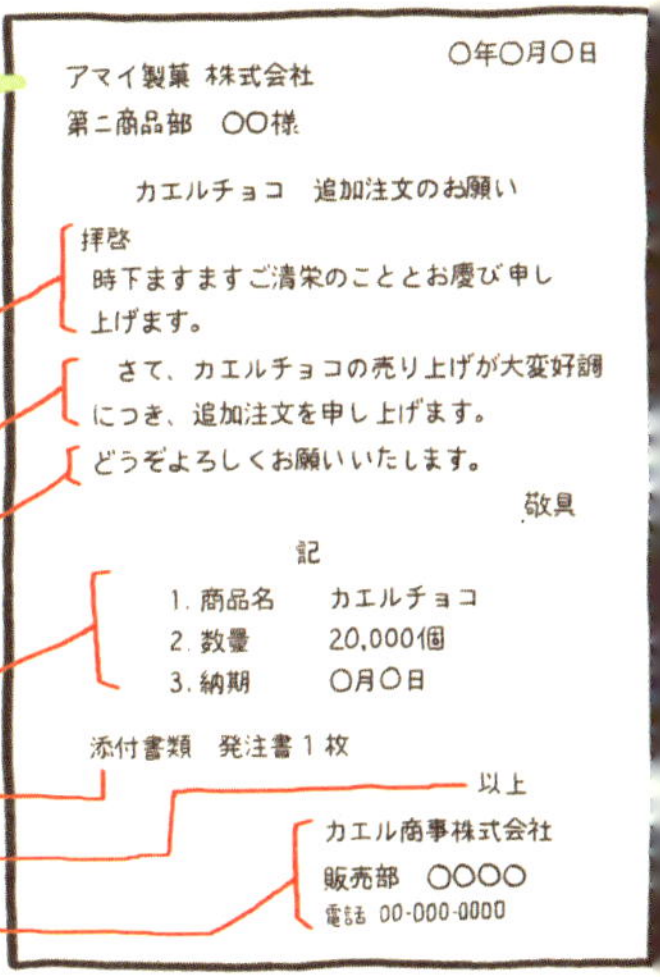

○年○月○日

アマイ製菓 株式会社
第二商品部 ○○様

カエルチョコ 追加注文のお願い

拝啓
時下ますますご清栄のこととお慶び申し上げます。
さて、カエルチョコの売り上げが大変好調につき、追加注文を申し上げます。
どうぞよろしくお願いいたします。

敬具

記

1. 商品名 カエルチョコ
2. 数量 20,000個
3. 納期 ○月○日

添付書類 発注書1枚

以上

カエル商事株式会社
販売部 ○○○○
電話 00-000-0000

〔裏〕

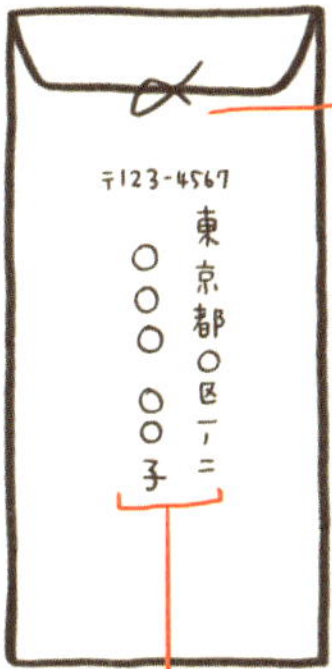
〒123-4567
東京都○区一ノ二
○○○ ○○子

〔表〕

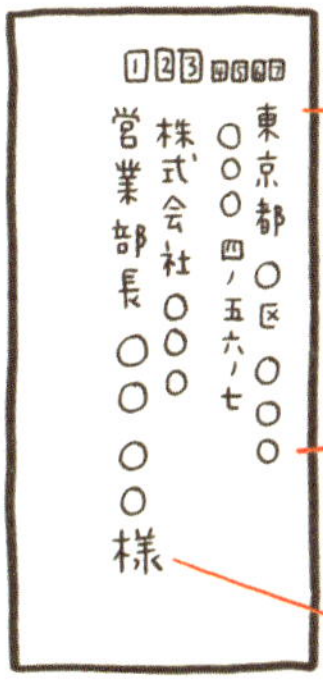
123-4567
東京都○区○○○
○○○四ノ五六ノ七
株式会社○○○
営業部長
○○○○様

封筒の宛名の書きかた

封筒は縦長の和封筒か洋封筒、茶封筒を使います。洋封筒は招待状など式事に関する文書を送る場合に使用し、茶封筒は請求書など事務書類を送る場合に使います。

住所が長い場合は区切りのよいところで改行しましょう。中途半端なところで区切るのはNG。
氏名や会社名はやや大きく書きます。

とじめの中央には必ず「〆」を。

左下に書くケースも多く見られますが、日本書写技能検定協会の1級試験ではこれが正解とされています。

個人……………○○様
役職名をつける 係長○○様
先生の場合……○○先生
「様」はいりません。
会社名・部署名…○○御中

返信ハガキの書きかた

〔出席の場合〕

「御出席」の「御」を斜めの二重線で消し「出席」に丸をつける。「御欠席」のほうはタテの二重線で消す。さらに自分の住所や名前を書く「御住所」は「御」を斜めの二重線で消し、「御芳名」の「御芳」をタテの二重線で消します。

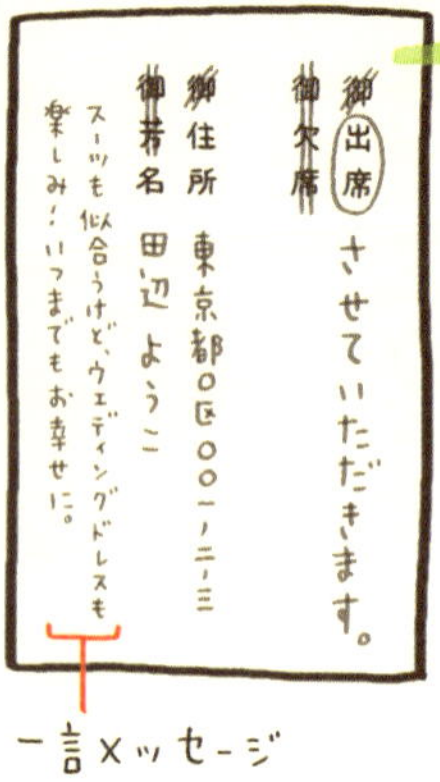

御出席させていただきます。
御欠席
御住所　東京都〇区〇〇一ノ二ノ三
御芳名　田辺ようこ
スーツも似合うけど、ウエディングドレスも楽しみ！いつまでもお幸せに。
一言メッセージ

土田さんも結婚かー
めでたいがちょっぴりさみしい。

親しい人に手紙を出すときでも

いつも会う人や、仕事以外のつき合いもある人へ手紙を出すときは、仕事とは関係のないことを一言書いてもOK。仕事の件はビジネスマナーにのっとり、追記という形で。ただし、いくら親しくても、あくまで仕事関係者。友だちのような文章や、仕事とプライベートを混同しているような内容は避けましょう。

OK

追記
先日はありがとうございました。
大変楽しかったです。またお目にかかれる日を楽しみにしています！

NG

追記
この前はどうもありがとうございました。今度飲みに行きましょう！

手紙を折るときは

文字は内側に。コンサートのチラシなどは表面を表側にして折って封筒に入れますが、手紙は別。これは文字面を汚さないという配慮からです。

領収書の書きかた

アルバイトなどで、その場で領収書を書くときには以下のようにしましょう。

いやあ〜ようこちゃんがHP作ってくれたおかげで、うちもIT八百屋だね。

これ少ないけど、お礼、とっといて。領収書くれるかい？

おやすいごようで

○○会社 御中

金額 ¥10,000-

但し アルバイト代として

○年○月○日
東京都○区○○一ノ二ノ三
田辺 ようこ

こっちはおまけ。とっといて。

さらに、金額を正しい漢数字で記入すると"デキル"と思われるかも。

1万円→壱萬圓也

壱(一)、弐(二)、参(三)、四(四)

伍(五)、六(六)、七(七)、八(八)

九(九)、拾(十)

コピーのしかた

コピーの端が切れていないか、まっすぐにコピーできているか注意しましょう。相手に見せるときに、曲がっていると失礼です。さらに、コピー機のガラス面が汚れていると、書類の内容まで汚れてしまうので、コピーをとる前は必ずガラス面の汚れを確認する心がけも大切。

曲がってるし、切れてるし…やり直しだ…
エルチョコプロジェクト会議について

綴じる位置は左上が一般的。

文書が縦書きの場合は、「右上」を綴じることがあります。

綴じかた

綴じた部分の文章が見えなくなっていないか、違う向きで綴じられているページがないかなどを確認をしましょう。

−2−

書類を見ながら打ち合わせや会議をするなら、ページ番号や項目名を書いておくと、見る人への配慮があり会議がスムーズに運びます。

書類を配る

打ち合わせや会議で書類を配る場合、事前に人数を確認して、集合前に資料を置いておくとスマート。

もし、途中で配布する場合は、取引先の上司やお客様など、立場の上の人から配っていきます。

書類のまとめかた

仕事の内容別にクリアファイルや封筒にまとめておくと便利。さらに表に見出しをつけておくと探すときに手間がはぶけます。デジタルデータの場合も、フォルダやFD、MOなどを仕事の内容ごとにわけておくと○。

カエルチョコ
カエル消しゴム
カエルバッグ

保管

大事な資料以外は処分するほうが、整理整頓でき、混乱を避けることができます。ただし、後で何か問題が起きたときのために、しばらくの間は手元で保管しましょう。

おーいっ水野くん！

後でカエル消しゴムの資料、会議室に持ってきてくれ！なんか、消したところが緑になるとかで問題になってるらしいから！
カエル消しゴム資料

処分するときには、シュレッダーにかけて！

あぁ!
カモメスーパー
発注数間違えた
店長室
店長、ちょっと謝っておきたいことがありまして……
何?
まずは結論から
イラ イラ イラ
あの、私も何度も確認したのですが
だから、何?!
仕事の上では、一番伝えたいことを最初に話すのが、コミュニケーションのコツ。だらだらと前置きすると、相手もイライラしてしまいます。
申し訳ございません!
私の発注ミスでカエルチョコ、2千個入荷してしまいました!!
……仕方ない。売り切る方法を考えなきゃ。まずはカエル商事に電話して販促ツールを送ってもらって……

落ち着け、オレ
紙に書き出して
相手に何かを伝えるときには、まずは、自分で整理をしてから。
①最大の目的は何か。
②そのことに対して自分はどう思っているのか or どうしようとしているのか。
③相手にどうしてほしいのか。
いったんメモすると、伝えるべきことを自分自身が把握しやすくなります。
① カエルチョコを売り切ること
② 今後は誤発注しない。今回は売り切ることで責任をとりたい。
③ 売場を強化するために販促ツールを送ってほしい。
よしっ
RRRRR…
カエル商事株式会社 営業部
スマートな電話の取り次ぎ
はい、カエル商事営業部です。
カモメスーパーの宮下様
いつもお世話になっております。
① コール音が鳴ったら1～2コール以内で出る。3～4回鳴ったら「お待たせいたしました」と。
② 会社名を名乗る。
③ 名乗った相手の、会社名と名前を復唱する。(相手が名乗らなかった場合は「大変恐れ入りますが、会社名とお名前をうかがってもよろしいでしょうか」とたずねる)
④ 日頃のあいさつをする
⑤ 場合によっては、相手の用件を聞いて復唱。
カエルチョコ2千個を売り切るための、販促ツール送付のご依頼ですね
⑥「ただいま担当の○○に代わりますので、少々お待ちくださいますか」と取り次ぐ。
担当が不在の場合は
申し訳ございません。担当の吉田はただいま外出しておりまして、15時に戻る予定です。戻り次第、折り返し電話をさせていただきますが、宮下様のご都合はいかがでしょうか。
と伝えます。

連絡先のわからない相手なら
ここで先方の電話番号を聞く。
「恐れ入りますが、お電話番号をうかがってもよろしいでしょうか」
名前を名乗って、締めのあいさつをしてから切る。
お電話を受けました私、大下と申します。ありがとうございました。失礼します。
カチャ…
メモの書き方・置き方
伝言を受けた場合
①伝言を伝えるべき人の名前
②電話をくれた人の名前
③用件（箇条書きで）
④伝言を受けた時間
⑤自分の名前
メモが置かれたことが一目でわかるようなところに置いて。
念のために伝言メモを置いたことを口頭でも伝えましょう。
あ、吉田さん
パソコンの上にカモメスーパーからの伝言メモ置きました
ああ、今見てる。ありがとう。

クレームのメモは…

相手の言葉をそのまま伝えるのは避けて。
メモをとる人は、ワンクッションになる貴重な存在。
メモを受けた人が前向きに仕事ができるよう配慮しましょう。
反対に、「お疲れ様」などの一言があると、メモも心のこもったものになります。

こっちのメモは、コワイなぁ
吉田さんへ
××社の○○さんより、「いつになったら商品入ってくるんだ、フザけるな!」とお怒りでした。
14:02 井上

宮下マネージャー!!
カモメスーパー
販促ツール届きました!!
カエルチョコ新発売
新発売
カエルチョコ 90円!!
それに!! カエル商事の方が販売応援に来てくれましたよ!!
よしっ売るぞ!!
いらっしゃいませぇ!!

「対面」vs「電話」vs「FAX」vs「メール」

対面

○なところ

相手と会って物事を決められるので、細かいニュアンスも伝わり、結論を出しやすい。総合的に相手の人となりがわかる。「時間を取る」ということで誠意が伝わる。また、お願いするときなどに直接対面すると、(相手も)断りづらい。

注意点

臨機応変な対応、アドリブなどが必要とされる。自分と相手の時間をかなり拘束する。それに見合った「何か」が求められる。

電話

先生、そろそろ原稿をいただかないと間に合わないのですが…

○なところ

リアルタイムで会話ができる。相手に時間を取らせないので「聞いてもらう」ことへのハードルが低い。

注意点

相手に電話で済む「軽い」内容だと思われることも。微妙なニュアンスを伝えることが難しい。相手の表情などをうかがうのが難しい。用件を伝える前に切られてしまうこともある。

ああーアレ、はいはい、そのうち。今、取り込み中なので、失礼するよ。

FAX

○なところ

文書として、証拠が残る。地図などをビジュアルとして伝えることができる。相手が好きなときに読めるので、電話よりも、さらにハードルが低い。電話のように途中で相手に切られてしまう可能性が少ない。

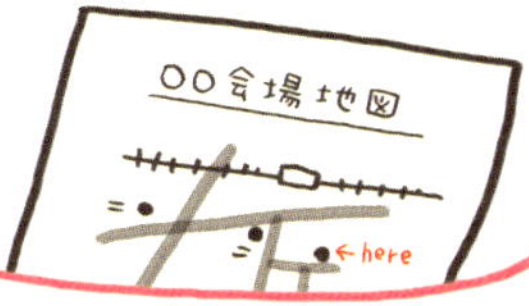

注意点

文字などがつぶれてしまい、見えにくいことがある。FAXが多く届く部署などでは紛失の可能性がある。

メール

○なところ

時間を気にせず、自分のタイミングで伝えたり、返信できる。送信の証拠が残る。同時送信（CC）にすることで、第三者に対しても発信したことを証拠として残せる。

注意点

急ぎの場合は向かない。文章が強い調子になることもあり、誤解を与えることも多い。

時と場合によって、いくつかの手段を組み合わせるのがベター。

♪ 電話に出ての第一声は、ドレミの「ソ」の音で発するのが好印象。

カエル商事の太田と申します

確認

電話をかけたらまず名乗ってから

カエルチョコの件ですが、今、お時間よろしいでしょうか

用件を告げ、相手が電話できる状態なのか確認しましょう。

特に携帯電話の場合、名乗った後ですぐに相手の状況を必ず確認しましょう。

内容を再確認

用件を話し終えたら、内容を確認しましょう。切る前にあいさつを。

それではどうぞよろしくお願い申し上げます。ありがとうございました。失礼いたします。

……
……

かけたほうが先に切るのがマナーです。しかし、相手がお客様や得意先なら、こちらからかけても、先方が切ってから、静かに受話器を置くように。

留守番電話

携帯電話にかけて、留守番電話になった場合、①会社名、自分の名前、②用件を告げ「また後ほどお電話させていただきます。失礼します」ときちんと伝言を残して。

伝言を頼む

伝言を頼んで「席に戻ったら折り返させていただきます」と言われても、自分がお願いする立場にある場合、かけ直してもらうのは失礼です。

できるだけ「ありがとうございます。こちらからあらためてご連絡をさせていただきます」と、再度連絡を入れます。あまりかけすぎるのも、催促しているようでNGですが、電話に出た人に、自分から連絡があったことをキチンと伝えてもらうお願いをすることは、大切。

伝言を受けた場合は、P44の「伝えるときの基本マナー」と同じように、伝言メモをしましょう。

保留

電話をかわるときや、少し待ってもらったときには「お待たせいたしました」と謝って。作業をしている自分にとっては短かい時間でも、保留音を聞きながら待っている相手にとっては長い時間に感じられます。また、しばらく待たせてしまいそうなときは「申し訳ございません。少々、時間を要するようですので、のちほど折り返させていただきたいと思いますがよろしいでしょうか」と、いったん切ります。

間違い電話をしたら

特に携帯電話の場合は、着信履歴が残るので、必ずお詫びを。聞いた番号が違っている場合、（相手に読み上げてもらうと周囲に聞かれるので）必ず自分から番号を読み上げ、相手に確認してもらいましょう。

担当者が電話中

名指し人がほかの電話に出ているときは「申し訳ございません。ただいま、○○はほかの電話に出ておりまして、少し長引きそうですので、終わり次第、こちらより折り返しの連絡をさせていただきますが、いかがいたしましょうか」と、電話をかけてきた人にうかがい、その方の指示にしたがいます。

携帯番号を聞かれたら

外部の人から、社内の人の携帯番号を聞かれた場合、勝手な判断で教えないこと。「こちらから折り返してもよろしいでしょうか」として、自分がその人の電話に連絡します。

番号が名刺に書かれている場合や会社で支給されている携帯電話なら伝えてもOK。

担当者がわからない

安易にほかの人に回すと、
(その人もわからない場合)
たらい回しになるので、
いったん切って調べるなどして。

こちらから折り返してもよろしいでしょうか。

不在の理由

担当者が食事や遅刻など、仕事以外で不在の場合も
「ただいま席を外しております。○時に戻る予定です。」
と不在理由をにごして。私用や休憩などの理由を言うのは、相手があまりいい感情を持ちません。
また、外出先名も、具体的に伝える必要はありません。

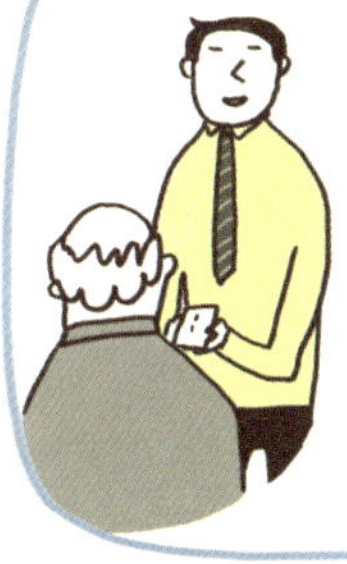

接客中

あいにく席をはずしております。戻ってからで間に合いますか。

外出中

申し訳ございません。あいにく○○は外出しております。15時に戻る予定ですが、戻り次第、折り返し連絡を差し上げるということでよろしいでしょうか。

出張中

あいにく○○は○月○日まで出張しております。○日には通常通り出社予定になっております。折り返し連絡を差し上げるように伝えますが、いかがでしょうか。

遅刻

本日○○は立ち寄りがございまして、11時頃には出社する予定です。（予定より、やや遅めの時間を告げるほうが無難）出社しましたら○○より折り返し連絡を差し上げるようにいたしますが、いかがでしょうか。

休暇中

申し訳ございません。本日はお休みをいただいております。○日には通常通り出社予定になっております。折り返し連絡を差し上げるようにいたしますが、いかがでしょうか。

基本

① 発信者、送信先、枚数、発信者の連絡先を記したFAX送信表をつけましょう。ただし、送信表の下に用件を記入して完結する場合は、1枚を送ります。ムダな用紙を相手に使わせないように。

会社に戻ったら、すぐに大御所先生に資料をFAXしないと

FAX送信表
大御所先生 ○月○日
3月号についての参考資料をお送りします。
送付枚数 4枚
〔本書含む〕
メダカ出版
○○○○
TEL 03-000-0000
FAX 03-000-0000
追伸:
それから 先日は 先生の意外な一面を拝見でき、嬉しかったです。女装のご趣味は奥様には内緒にしておきますから

② 本人以外の人の目にも触れるので、他人に知られてはいけない内容を送るのは

NG!!

③ 先方の用紙を消費するので、大量に送るのはNG。その間、先方の回線が使えない状態になるため、(特に個人宅の場合)迷惑になります。

10枚を越えるときは先方に一言断るか郵送で。

もー!! さっきからずっとFAXふさがってるじゃん!!
だーれ? こんなたくさん送ってくる人!!

④
FAXの送り先が個人宅なら、送っていいのは夜9時まで。9時以降は翌日にしましょう。
ボクは朝型作家なんだよっ
ピーーッ
ルルルル
ただし、事前にFAXを送ることがわかっているなら、「何時まででしたら、FAXをお送りしてもよろしいでしょうか」と聞いておくのも手。

カラーのものは

FAXでカラーの写真や、色の上に乗った文字などを送ると、黒くつぶれて見にくくなります。一度自分に送ってみて、どんなふうに見えるのか確認してみましょう。

読みにくいものは

字が小さく見えにくいものは、全体像の見える原寸原稿と、相手に見てもらいたい部分の拡大を送るのがマナー。

FAXを送る前には

FAXを送る前後に一度電話をし、送るということを知らせましょう。

突然送っても、相手がその場にいなければ放置されたままになってしまいます。

⑤
自分がFAXを受け取ったら
FAXいただきました
と発信者に伝えましょう。
それで2枚目の下の部分、文字がつぶれて見づらいのですが…

［件名］ 本文で一番伝えたい内容を見出しとして書き、その後に自分の会社名と名前を書きましょう。

（例）webページの修正点について（S編集プロダクション・野口）

［返信］ 返信時の件名はできる限り書き直しましょう。相手が書いた件名を削除せずに、自分の件名を書き加え、相手の名前に"様"をつけるのがポイント。そのまま返信してしまうと、送信者に敬称なしで届いてしまうので、大変失礼です。

yoko.tanabe

宛先：野口裕二<noguchi@＊＊＊.com> ×

CC：

BCC：

件名：Re：修正点確認しました/webデザイナー・田辺)

▷添付ファイル

メールアドレスの登録

○野口裕二様<noguchi@＊＊＊.com>

必ず"様"をつけて登録しましょう。

野口様

お世話になっております。

修正点、承知いたしました。

ただ、お言葉ですが、①-2の部分は勘違いなさっている様ですが、×

――（略）―― ×

至急対応致しますので、お忙しいところ恐縮ですが、1時間以内にお返事いただければ幸いです。×

どうぞよろしくお願い致します。

書くときの注意

文字だけのコミュニケーションなので、感情にまかせた一方的な意見を放つのはNG。相手を否定するような言葉を使わないように。伝える必要があるのなら電話か会ったときにじょうずに伝えましょう。

緊急の用件は避ける。このような内容には対応できません。

- 長い文章は読みにくいので（文末は揃えなくてよいので）意味の区切りで改行を。文章が長く続くときは、段落ごとに一行あけて。

間違ってメールを…

送り先を間違えてしまったり、内容が途中のものを送ってしまった場合は、お詫びと、そのメールを削除してもらうお願いメールを送りましょう。

推敲をし、メール送信は慎重に。

cc、bcc

同じ内容を複数に送るときに使うのが、「cc（カーボンコピー）」「bcc（ブラインドカーボンコピー）」。

ccの場合は、送信相手全員のアドレスが表示されるので、誰に同じものを発信したかを伝えることができます。送り先の個々のアドレスを全員が知らないのなら、個人情報保護の点からも、必ずbccを使いましょう。

添付

写真や図版などを添付する場合は、相手のパソコンの容量や機種、どんな拡張子であれば見ることが可能かなどを確認してから。文書であっても機種によっては文字化けしたり、ソフトがないと開けないことがあります。相手に確認し、場合によっては解像度を低くするなど、受信しやすくする心配りが必要。

メーリングリストの注意点

メーリングリストは、チームを組んで仕事をしている場合にも役立ちます。ただし、メールを欲しいと思っていない人にも届いてしまうので注意。

メーリングリストの利用規約を明確にしておきましょう。また、メーリングリストで登録されている人に対して、名指しで個人的な忠告などの内容送信はやめましょう。

公共の場であることを忘れずに。

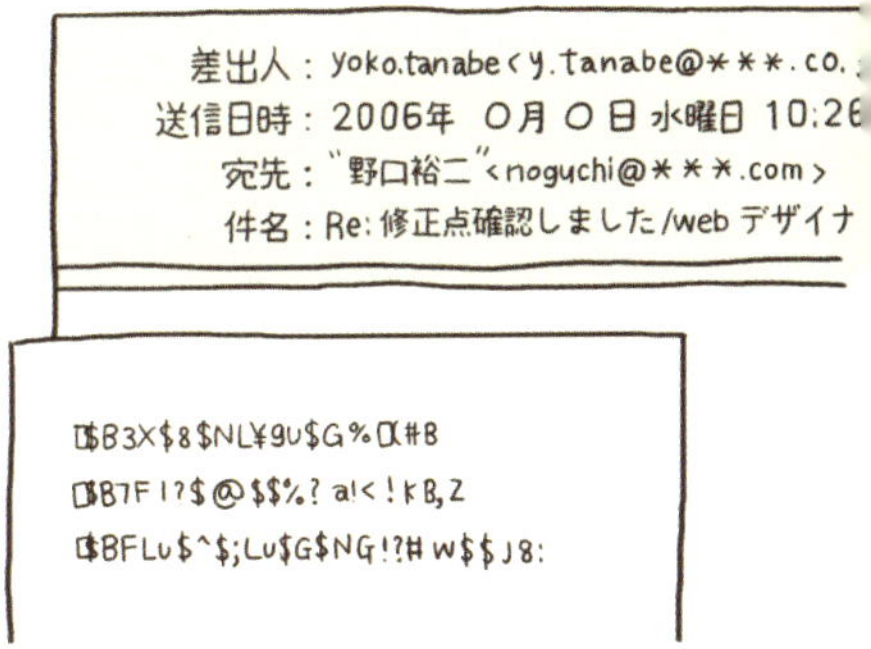

差出人：yoko.tanabe<y.tanabe@＊＊＊.co.
送信日時：2006年 ○月 ○日 水曜日 10:26
宛先："野口裕二"<noguchi@＊＊＊.com>
件名：Re: 修正点確認しました/web デザイナ
$B3X$8$NL¥9U$G%(#B
$B7F1?$@$$%? a!<!kB,Z
$BFLu$^$;Lu$G$NG!?H W$$J8:

文末

必ず「送信者の名前」「会社名」「住所」「電話番号」「FAX番号」「会社URL」を記載しましょう。メールを読んだ相手が電話やFAXをしたいとき、手紙を送りたいときなど、わざわざアドレス帳を開かなくてもすむので、親切です。

文字化けしてる…

突然の遅刻・欠席

遅刻や欠勤をするときは、始業10分前までに直属の上司に、自分で連絡しましょう。「休ませてください」と言い切るのではなく

ゴホッ
ゴホッ

おはようございます。○○です。課長、大変申し訳ないのですが、本日体調不良のため、お休みをさせていただきたいと思います。仕事の件で何かございましたら、自宅に電話をいただければ対応をいたしますので、どうぞよろしくお願い申し上げます。

と仕事に支障をきたさないようにする。

「なぜ遅れるのか」「なぜ休む」のか理由をしっかり伝える。

有給休暇をとる

いくら有給休暇といっても繁忙期に休むのはルール違反。仕事のスケジュールを見て判断しましょう。また、まとめて休みをとる場合は、余裕を持って申告しましょう。

海外旅行
いってきまーす！
美代のやつ、この忙しいときに有休とるなんて
ハワイ
ワイ
サイパン
グアム

取引先との打ち合わせなどが予定されている場合は、もちろん取引先にも連絡を。そのためにも、取引先の連絡先を携帯電話や手帳にメモして持ち歩くとよいでしょう。

突然のトラブル

交通機関のトラブルなどで、やむなく遅刻してしまう場合は、それがわかった時点ですぐに連絡を。出社の見通しがつくのであればそれも告げましょう。ふだんから、いくつかの交通ルートをシミュレーションしておきます。

電車が止まってしまっていて…。バスで行きますので30分ほど遅れます。

どうしても休みたい

休みにくい日に、どうしても休みたい。そんなときのために、ふだんは遅刻、欠勤をしないようにしましょう。また、ほかの人が休むときにイヤな顔をしたり、文句を言っていると、自分が休むときに同じ扱いを受けてしまうので注意。

お詫び＆お礼

出社をしたら必ず上司や同僚に、お詫びとお礼を。

ご迷惑をおかけして申し訳ございませんでした。お休みをいただき、体調もすっかりよくなりました。ありがとうございました。

ケホッ
ケホッ
ケホッ
ケホッ

休むこともマナー!?

風邪をひき、咳をし続け、仕事の能率も上がらない…そんな状況では周囲に迷惑がかかります。その日の仕事の状態を考え、問題ないようであれば、休むほうがいいこともあります。

何があっても、絶対に休まない。一見真面目そうですが、そうすることで、周りの人が休みにくくなることも。
仕事の流れをみて、とくに問題がないようであれば、休暇をとりましょう。自分に後輩や部下がいる場合ならなおさら。部下にとっては上司が休まないから、自分も休めないという圧迫感もあります。

太田さん、休んだほうがいいんじゃないっすか？

そういう訳には……
仕事、ボクが引き継ぎますから…
水野…
！
ほんと？

仕事を引き継いでもらう

自分が休むことでほかの人に仕事を引き継いでもらうときには、相手に迷惑のかからないように細心の注意をはらって。分量は最低限におさえ、細かい指示の場合は内容をメモするとよいでしょう。また、関係資料のある場所、関係者の連絡先一覧を渡すなど、不明点が出ないようにして。

それじゃあ、これ、カエル鉛筆の資料です。お願いしたいことは…

早退

帰らなくてはならなくなったことを上司に報告→

申し訳ありません。体調がおもわしくなく、失礼させていただいてもよろしいでしょうか

とおうかがいの形で。

後のスケジュールなど、仕事の段取りをつける。打ち合わせなどをキャンセルする場合には、先方にも連絡を。緊急時には同僚などに仕事を引き継いでもらう。やはり「○○社の○○さんが資料を引き取りにいらっしゃるのですが、渡していただけますでしょうか」とおうかがいの形で。どんな内容なのかを明確に伝える。

ケホッ ケホッ
申し訳ありませんが、失礼します。よろしくお願いします。
困ったときはお互い様ですよ

後日出勤をしたら再度、お礼＆お詫びを。

長期休暇

夏休みや冬休み、有休消化の長期休暇などのときには、仕事相手や連絡の入ってきそうな人にも前もって連絡をしておきましょう。

あさってから、○月○日までお休みをいただきます！ ○○の件は、全部、太田に引き継ぎましたので!!

休みの期間やいつからなら連絡がとれるかをしっかりと。

来客のとき

When You Have a Visitor...

担当者に取り次ぐ

受付や入り口にて、お客様を出迎えたら、まずは「お世話になっております」とあいさつを。相手が名乗った後は、

〇〇会社の〇〇様ですね。お待ちしておりました
〇〇様がお見えになりました

この「お待ちしておりました」というセリフが社内での連絡が行き届いているという証拠になります。担当者に連絡を入れ、お客様を、お待ちいただくところにご案内します。

ご案内

私、〇〇部の〇〇と申します。応接室までご案内いたしますのでどうぞこちらへ

自分の名前、これからどこに向うのかを伝えます。

お客様には廊下の真ん中を歩いていただき、案内人はその右斜め前を歩く。お客様から見て、右斜め1mくらい前が〇。

歩いている途中では、適度にお客様を振り返りお客様の歩幅を確認。廊下を曲るときは、お客様より遠い手(右前方を歩くので右手になる)の指先を揃えて、方向を示します。

手は指先を揃え、進む方向へ向けます。
1m

階段では

「お客様が先、案内人が後」というのは、上りの階段でつねにお客様のほうを高い位置に、という考えから。しかし、自分の会社ではないので、お客様も勝手がわかりません。そこで「お先に失礼します。どうぞ足元にお気をつけください」と一言断わって、案内人が先に上るようにしましょう。(下りの階段の場合、案内人が先に立ってもお客様より下になるので、特に断る必要はありません)

……
暖かくなってきましたね

エレベーター内では

お客様とふたりで間がもたない…そんなときは

「場所はすぐにおわかりになりましたか？」や「暖かくなってまいりましたね」「本日はどちら方面からいらっしゃいましたか？」

といった当たり障りのないトークをするのも上級テク。

ただし、話しかけられるのを嫌う人もいるので反応をうかがってみて。

……

廊下をご案内するときにも使えます。ただし、自分たち以外に人がいる場合、相手が2名以上の場合などは話しかけないほうが無難。

エレベーターでは

「お先に失礼します」と断ってから、案内人はお客様より先にエレベーターの中に入り、操作ボタンの前に立ちます。片手で「開」ボタンを押し、もう片方の手でドアを押さえます。降りるときも同様に。自分は最後に出ます。

待っていただくとき

担当者が不在などで、お客様にお待ちいただくときは、応接室へご案内します。なければそれに準ずるような、座れるスペースに。

入室のしかた

入室するときには案内人がドアを3回ノックし、中に誰もいないかを確認します。「失礼いたします」と言ってドアを開け、室内にコーヒーカップが残されていないかなどの確認を。

室内に押して開けるドアの場合は、案内人が先に入り、廊下側に引いて開けるドアの場合は、お客様に先に入っていただきます。

その後、

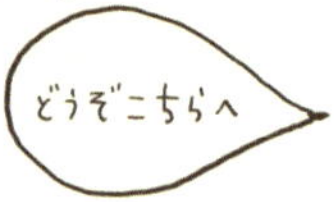
どうぞこちらへ

とお座りいただく席をジェスチャーで示します。

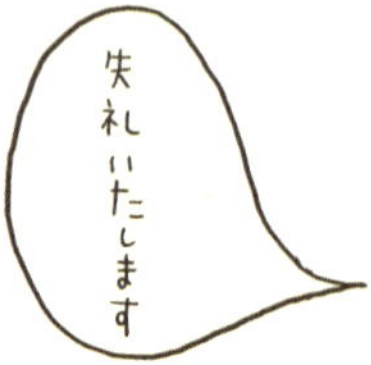
失礼いたします

退室

お客様をご案内したらドアの前でお客様に向かい「失礼いたします」と一礼します。

外に出てドアを閉める前にも視線をお客様に送り、笑顔で一礼。

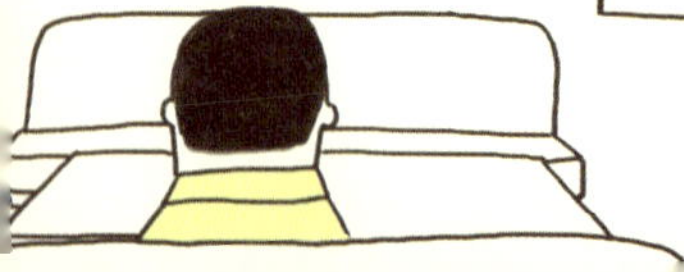

お茶を出すのは

「誰がするか」を決めるものではありません。手の空いている人が率先してお出しするようにしましょう。忙しいのはみんな同じ。お客様や訪問者への「感謝の気持ち」を持ちましょう。

お茶の出しかた

① 人数分の茶たくと湯のみ茶わんと、台ふきんを持って。
運ぶときは、茶たくの上に湯のみ茶わんを乗せない。

② ノックを3回し、「失礼いたします」と言って入室する。

③ サイドテーブルにお盆を置き、茶たくに湯のみ茶わんをセットします。茶たくは両手で持って。

④ お茶を出すのは、役職の高いお客様から。
お茶出しは（後ろの）右側から出すのが正式ですが、その場に応じて左側からでもOK。

⑤ お茶を出すときは小声でと一言。
お茶をいただいた人は「ありがとうございます」とこたえて。

⑥ お茶を出し終えたら、お盆は脇に抱え、ドアの前でお客様のほうを向き「失礼いたしました」と言い、一礼しましょう。

⑦ 廊下に出たら、再度会釈し、静かにドアを閉めます。

2杯目は

同じ飲みものを出さない。
30分を目安としましょう。まず、お茶をお出しし、30分経ってもお帰りにならない、そのような場合、たとえばコーヒーをお出ししましょう。新しい飲み物をお持ちしたときに、前の茶わんをさげます。

お見送り

室内から出るときは、応対した担当者がドアを開いて、お客様をお見送りします。

「手前に引くドアの場合」

まず、お客様に出ていただいてから、社内の役職上位の人が出ます。自分は最後に出て、ドアを閉めます。

「押し開けるドアの場合」

ドアを開けた担当者が先に出て、手でドアを押さえてお客様が出るのを待ちます。最後の人が出たらドアを閉めて。

イスに座る姿勢

〈女性〉

握りこぶしひとつ分程度、背もたれと背の間隔をあけて、深く寄りかからないように。


背すじをのばして、ひざ同士とかかと同士をつけ、しっかりと揃えましょう。


〈男性〉

女性同様、背もたれには寄りかからず、背すじをのばして。

ひざの間はこぶしふたつ分程あけ、手はヒザの上で軽く握ります。

席次

座る場所には「上座」と「下座」があります。

上座はお客様が座る場所で、入り口からもっとも遠いところ（あるいは遠い側）。下座は迎える側が座ります。

下座は、もっとも入り口に近いため、雑用などをこなすという意味があります。

食事のとき

〈洋室の上座〉

出入り口から一番遠い席。

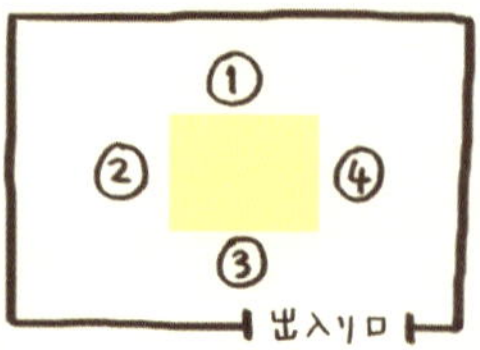

テーブル席

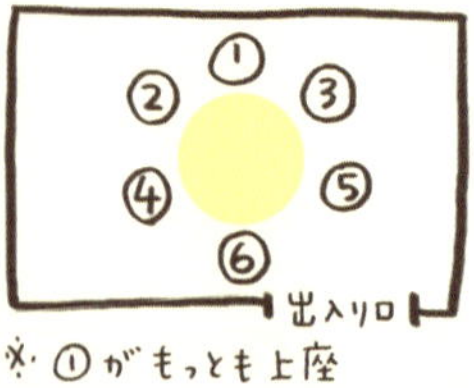

円卓

※①がもっとも上座

〈和室の上座〉

床の間があれば、床の間の前。

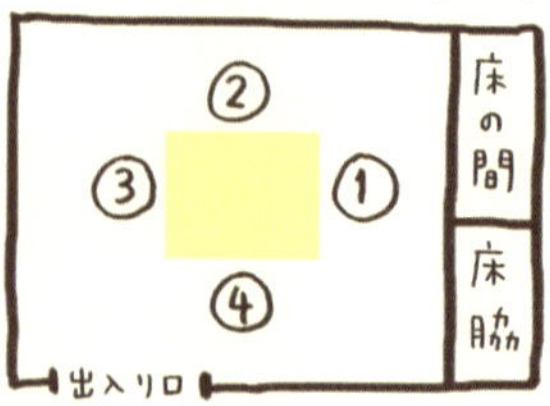

床の間がない場合は入り口から一番遠い席。

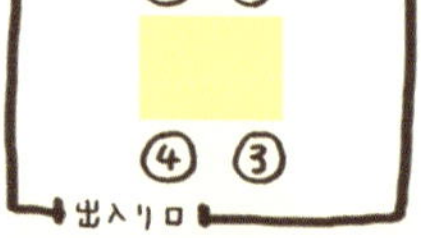

会議のとき

お茶出しもこの順番で。

〈会議室〉

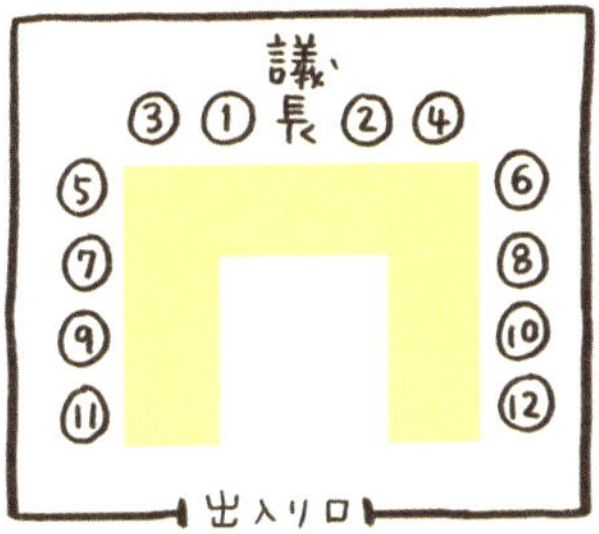
議長
③ ① ② ④
⑤ ⑦ ⑨ ⑪
⑥ ⑧ ⑩ ⑫
出入り口

〈応接室〉

④ ⑤
① ② ③
出入り口

車

自家用車の上座は助手席となります。

〈自家用車〉

② ④ ③
①

列車・飛行機

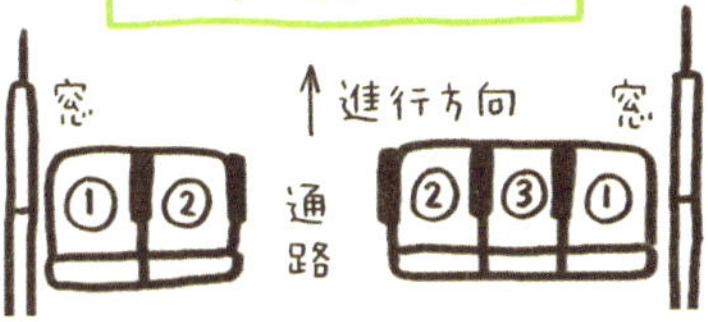
窓
↑進行方向
窓
① ②
通路
② ③ ①

列車や航空機などでは、進行方向の窓側の席が上座で、通路側が下席になります。席が3つ並んでいる場合は真ん中が下座。ただし好みもあるので、一言聞いてみてもOK。

〈タクシー・運転手つきの車〉

① ③ ②
④

運転手つきの車やタクシーでは、運転手の後ろが上座となります。下座は助手席。ただし、タクシーなどで順に降りる場合などは、順番を確認し、臨機応変に。

訪問する、待ち合わせをする

Visiting or Meeting with Clients

まず最初に

「アポイント」から始まります。
そのとき優先するのは相手の都合。
とはいえ、自分の予定もあるので
「恐れ入りますが、3日程度、
候補日をあげていただくことは
可能でしょうか」とお願いしましょう。

自分の都合が合わないときには
「申し訳ございません。この日は先約が
入っておりますので、○月○日ではいかが
でしょうか」と代案を出して。

「いつでもいい」と言われたら
「それではお言葉に甘えまして
○月○日のご都合はいかが
でしょうか」という聞きかたで。

アオイ保険の佐伯です。お世話になってます。
はい、新しい保険プランができたので、ご説明にうかがいたいのですが…
ご都合よろしい日時はございますか？

入室

① コートやマフラーは、建物の入り口でぬぎ、片手で持ちます。

② 入り口でドアを3回ノックします。「どうぞ」という声がかかったら「失礼します」と入室します。

③ 室内に入ったら、相手に席をすすめられてから座ります。席をすすめられない場合は立って待ちます。コートやカバンなどを、すすめられる前に勝手にテーブルの上などに置くのは失礼。何も言われないときは足元に。

通された場所で相手を待つ

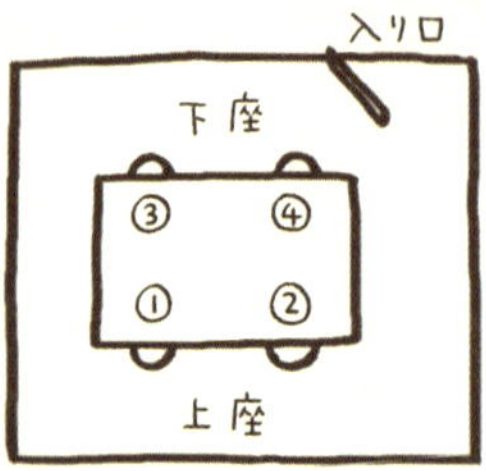

入り口
下座
③
④
①
②
上座

入り口に近いほうが「下座」。

応接室に案内されたら…

「どうぞこちらにおかけになってお待ちください」と言われたら「ありがとうございます」と言い、上座に座りましょう。この時、下座に座って待つのは、逆にマナー違反です。たとえあなたが、訪問先より立場が下でも、訪問した以上はその場ではお客様となります。下座に座ると、かえって相手に気をつかわせます。結局、担当者が来て席を移動するのは時間のムダです。謙そんの態度はよいですが相手をたてることも考えましょう。

相手を待つ間に名刺の用意をします。ノックの音がしたら名刺を持って立ち上がります。しかし、会社によっては立ったまま待つ習慣もありますので、先輩や上司にならうのが賢明。

退出

① 帰るときには起立し「本日はお忙しいところ、ありがとうございました」などと、感謝の言葉を。

② 応接室を出たところなどで「こちらで失礼いたします」とあいさつして"見送りは無用"という意思を伝えます。

③ 建物の玄関を出たところで、コートなどを身につけます。

個人宅での注意点

個人のお宅では、靴をぬいで上がる可能性大。靴はみがいておき、中敷もチェック。靴下やストッキングの汚れや穴に注意。和室に通されることも考えられるのでミニスカートなど正座しにくい服装は×。

靴のぬぎかた

入室する方向を向きながら靴をぬぎます。その後、膝をついて靴を持ち上げ、

靴箱があれば靴箱側に靴のかかとを向けて置きます。

本当の締め切り

上司やクライアントに「締め切りは○日」と言われても、その前日には終わらせておくのがルール。上司（やクライアントの上司）のチェックもありますし、ミスがあったときに対応できる時間がとれます。始めから

「本当の締め切りはいつですか？」

と聞くのは失礼。

納品の状態

納品とは、お客様や取引先にできあがったものを、お渡しすること。
むき出しのままではなく、梱包など納品のための準備が必要です。

納品の日に自分の仕事を終らせるのではなく、納品のための準備期間も計算しておきましょう。

スケジュールの組みかた

ひとつの仕事を完成させるまでには、たくさんの人がかかわります。もし、自分のところで遅れてしまったら、迷惑がかかる人が大勢いることを心得て。納品日が指定されているなら、それぞれの担当の人にムリのない時間設定をし、自分が仕上げなければいけない期日を割り出します。

材料の発注 → 材料の仕入れ → 材料の点検 → 制作 → 製品の点検 → 梱包 → 納品

納品日から逆算してスケジュールを作らないと

相手のスケジュールをおさえる

相手のスケジュールをおさえるときはP66と同様。もし、おおよその期日を設定するのであれば、最低一週間先まで考えて。

「では、本日から一週間くらいの○日あたりまでで、ご都合のよい日を教えていただけますでしょうか」

と、必ずおうかがい形式でお願いしましょう。
また長期に渡る仕事をお願いするときは、「分量」や「納期」などをあらかじめ伝え、その期間の予定を空けてもらうようにしましょう。

スケジュールを変更するとき

緊急のトラブルなどで、どうしても約束の日に行けない場合、それがわかった時点ですぐに先方に連絡を！ 場合によっては仕事内容を把握している同僚に代理を頼み、先方にはうかがう人間が代わったことを伝えます。どうしても自分が行かなくてはならない場合は、先方に事情を話し、別の日を都合してもらいましょう。

今週のシフトの○日ですが○○で出勤できなくなってしまいましたので、さんに代わってもらうようにお願いしたのですが、よろしいでしょうか？
申し訳ございません。○○でおうかがいできなくなってしまいました。
代わりに杉田という者がおうかがいしますので、どうぞよろしくお願いいたします

仕事の順序、優先順位のつけかた

How to Decide Priorities at Work

段取りのコツ

まずは、やるべきことに優先順位をつけて

何から始めればスムーズに進行するかを考えましょう。

ひとつのことをやりかけて、時間がなくなったから別のこと……では、効率は悪くなるばかり。自分なりの「やることリスト」を書くと、それぞれの作業にかけるべき時間も、わかってきます。

優先順位

一度にいくつかの仕事を頼まれた場合、まず、どこから手をつけるか。

1. 期日が早いもの
2. 相手のあるもの、あるいは相手の時間を確保すべきもの（先方にお願いしたり、確認しなければならないもの。相手がつかまらないと、翌日の作業に持ち越してしまいます）
3. それほど手間のかからないもの（最初に"大物"から取りかかり、その日1日何も成果が上らないより、少しでもできたものを上司に渡しておくと、仕事をしっかりしている感が伝わります）
4. 最後に、書類の整理や資料の制作といった自分ひとりでできる仕事。

手伝ってもらう

同僚に仕事を手伝ってもらうときは、「○○さん、忙しいところ申し訳ないのですが、この仕事を手伝ってもらえますか？」と、相手の仕事の手を止めてしまったことに対してのお詫びと、おうかがいの形で。もし引き受けてもらえることになったら、「仕事の内容」「現状」「何をどうしてほしいのか」「いつまでに」をしっかり伝えて、相手がスムーズに仕事をできるよう配慮を。

グループで仕事を担当したとき

組織で仕事をするときは、チームワークが大事。そして、自分が担当になった作業の期日を守り、仲間に迷惑をかけないようにするのが最低限のマナー。何か困ったこと、迷ったことがあったら、仲間や上司にすぐに相談しましょう。勝手な判断が、問題になってしまうことがあります。自分が分担する部分での決定事項などは、随時メモ、メールなどで全員に伝えると、後で食い違いが起こることを防げます。困っている同僚がいれば「何か手伝うことある?」と気づかいを。

MLを利用する

グループで、そのプロジェクトのMLを立ち上げ、各々の進行状況や問題点を共有するという手もあります。

個人でひとつの仕事を進める場合

ある程度までの判断はゆだねられます。ただし、「金銭面」「納期の変更」など、個人で責任を負いきれない問題は、即座に上司に相談しましょう。

さらに、個人で仕事をしていると、気持ちに余裕がなくなることがあるので、内面管理を行う必要も。内面が整理されていないと仕事にも影響します。

お仕事シーンの「ホウレンソウ」とは

報告の「ホウ」、連絡の「レン」、相談の「ソウ」が仕事をする上では重要。さらに「確認」も忘れずに。

1 わからないことがあれば、上司や先輩、同僚に質問をして指示をあおぐ。

2 取引先から連絡を受けた場合など、直属の上司に内容を告げて指示をあおぐ。

3 仕事が重なってしまい、優先順位がわからなくなってしまったら、上司に相談。

これは仕事をする上での基本です。

報告の方法

緊急事態の場合は、もちろん即座に、直接上司に報告しなくてはいけません。しかし、結果報告や中間報告など、現状に問題がない場合はメモという手も。また外出先で問題が発生した場合は、いったん電話で手短に報告し、帰社してから詳しい話をするという方法も。

タイミング

上司が忙しそうだからといって報告せずにいると仕事が遅れてしまう可能性も。「お願いします」と言い切るのではなく、「失礼します。〇〇の件でご報告したいのですが、お時間よろしいでしょうか」とおうかがいの形で。

報告すべき場面→

指示された仕事が終わったとき。上司から状況を聞かれる前に報告しましょう。また長期の仕事の場合は、中間報告を随時行うと上司は安心します。

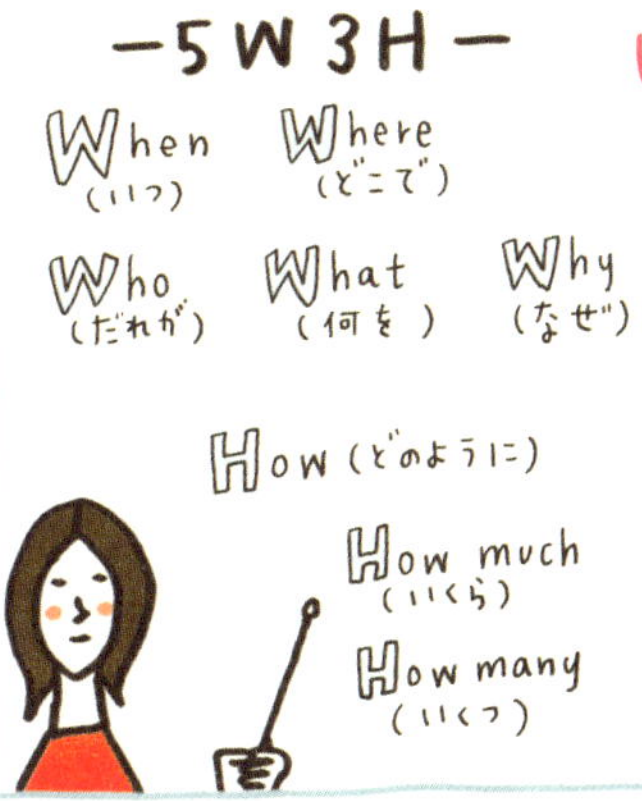
ー5W3Hー
When（いつ）
Where（どこで）
Who（だれが）
What（何を）
Why（なぜ）
How（どのように）
How much（いくら）
How many（いくつ）

じょうずな報告、相談のコツ

まずは結論から。そして、経過の報告は手短に。説明を求められたら詳しく話しましょう。
このとき「5W3H」をふまえて。

独断での対処は危険ですが、「自分なりの対処法、自身の考え」も必ずまとめておくこと。

報告・連

プライベートなことを相談する

上司にプライベートなことを相談するとき、周りの目が気になる…そんなときは「○○でご相談したいことがありまして、お時間をいただけるとありがたいのですが、ご都合いかがでしょうか」と、ふたりだけで話したい意向を伝えましょう。勤務時間中は、その時間もお給料に含まれているので勤務時間外にしましょう。

なんで私ばっかり遅番なんですか!?

報告・相談の順番は、必ず直属の上司から

たとえ、直属の上司に最終的な決定権がないからといって、頭越しに、さらにその上の上司に直接かけ合わないこと。上の者から下の者への指示も同様。必ず直属の上司を通します。そのことで、二重の指示もふせげます。

松本さんっ、さっきお客様から電話があって、
あなたに依頼したアレンジメントが届いたけど頼んだものと違うっておっしゃるの。
flower

上司に叱られた

それが誤解だったとしても、
誤解を与えたことは事実。
まずは素直に自分のミスを認め

「申し訳ございませんでした」

と謝意を伝えます。
ふてくされたり、
責任を他人になすりつけたり、
反抗的な態度をとるのは
社会人としてNG。

✕「わかりました。明日までにやればいいんですね」

✕「○○さんにこうだと聞きましたけど」

✕「最初にお話いただいた内容と違います」

もう一度おうかがいしようとしたら、「何度も同じこと言わせるな!!」って、
「松本さんに代われ!!」ってかなりご立腹だったんだけど、何か覚えある？
ほかのお客様のオーダーと間違えてしまったこと、さきほど気づいたのですが、どうしていいのかわからなくて…
そう、次回からは気づいた時点で相談してね

はい。申し訳ございませんでした。すぐお客様にお詫びの電話をかけます。

失敗したら

失敗を隠しているうちに、取り返しのつかない事態に発展するケースも。上司にありのままに話すようにしましょう。その後、ミスの原因をつきとめ、処理しましょう。

同僚が上司に叱られた

ミスは誰でもするもの。そして、ミスをした人は、反省をしています。だから

どうして叱られたの？
店長ひどいよね

と話をむし返すのは逆効果。そっとしておくのも思いやり。話を聞いてほしそうなら、耳を傾けます。「〜してあげようか？」というフォローはやや偉そうなので△。

このたびは本当に申し訳ございません…

いつも黄色の花だけでアレンジしてって言ってるでしょ!!

だいたいねー!! この前だって さんに言ったのに、白い花も混ぜたのよ!! おたくらどーなってんのよ!!

あの、すぐ作り直し…

申し訳ございません！

同僚のミスを責められたら

チームを組んでいる同僚のミスを指摘されたり、外部からクレームを受けた場合、「誰が犯したミスか」は重要ではありません。まずは素直に謝りましょう。その後、ミスをした当人に叱られたことを伝え、事実関係や原因などを確認し、今後の前向きな対処法を話し合います。

どーしてくれんのよ！
申し訳ございません…
あの…

松本さん、代わるわ

部下や後輩が責められたら

上司には「(部下に)任せた」責任があるので、矢面に立つ覚悟はしましょう。また、事の真偽を確認する前につき放すと、部下や後輩の信用を失う恐れがあります。

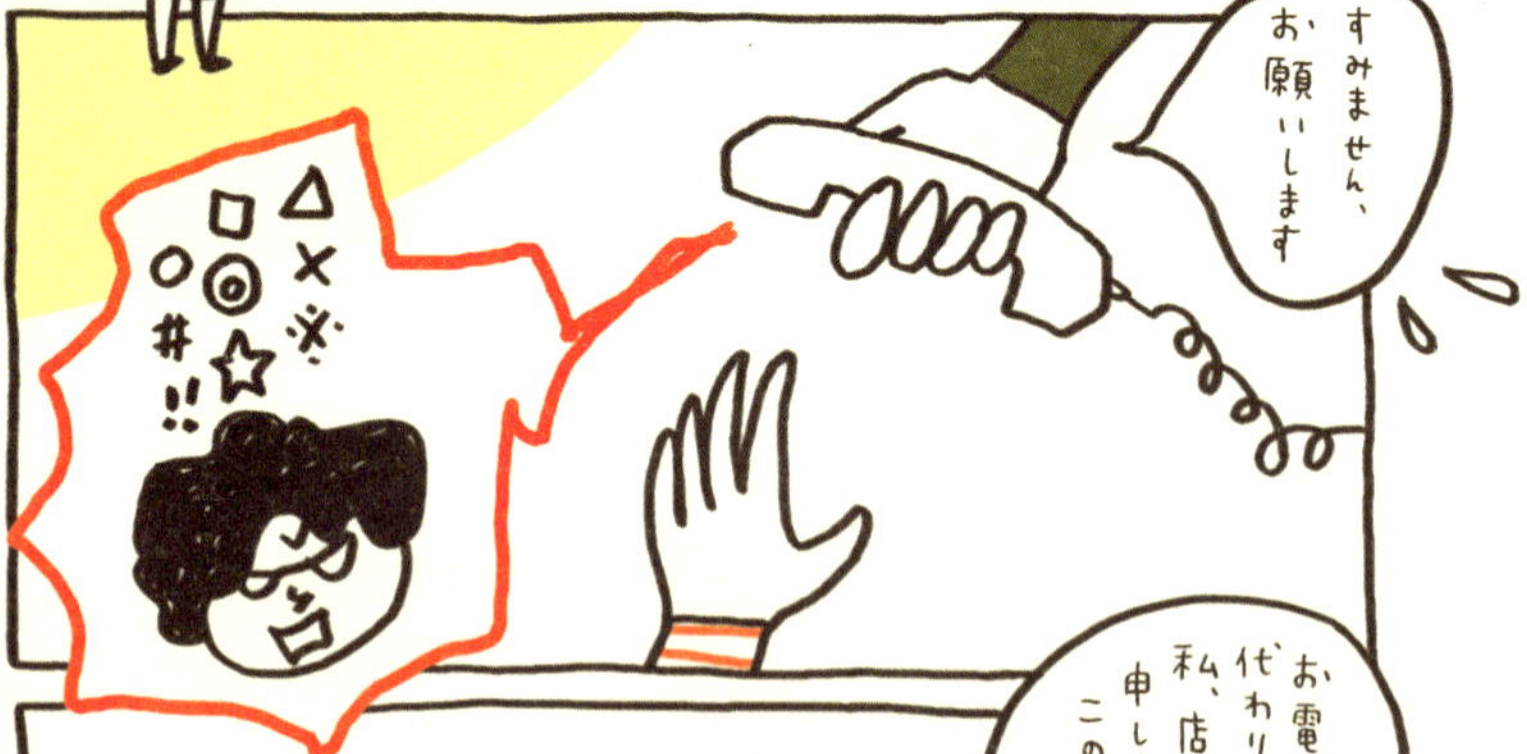
すみません、お願いします
△×※□○◎#☆!!

相手の怒りがおさまらない

いくら謝っても許してもらえないときは、「改めてお詫びにうかがいます」と少し間をあけてみましょう。時間が経てば、相手も冷静になってきます。立場が上の人間が対応するのも有効な手段。ただし、最初からそうしてしまうと、効果が発揮できないので、上司が登場するタイミングは肝心。

お電話代わりました。私、店長の相田と申します。このたびは…

本当に申し訳ございませんでした。
アレンジメントを至急作り直して、改めてお詫びにうかがいます。
3時までに持ってきてよ!! 3時にお客さん来るんだから!! わかった?! 花は黄色だけよ!!

仕事が間に合わない!

自分ひとりで責任をとることよりも、なるべく早くお客様に対処するほうが大切。周囲の人へのヘルプを早めに出して、手伝ってもらいましょう。そのためには、日頃からの人間関係が大切。もちろん、甘えは禁物。できる限り自分自身でタイムスケジュールを考え、できることは最大限の努力をしましょう。

……ということなのでふたりに協力してほしいの。それぞれ、お詫びの意も込めて、黄色の花だけのアレンジを2時までに制作してください。
はい
はい

ピンポーン
このたびは本当に申し訳ございませんでした
アラッ♡ 3つも?! 得しちゃった
これで金運バッチリ
黄色は金運アップの色だからね

指示の出しかた、指示の聞きかた

How to Give and Follow Instructions

わかりやすい指示の出しかた

たとえば

この仕事は納期に間に合わせることが最優先事項

など、まずはその仕事の最大のポイントを説明。次に「何を」「どんなふうに」「いつまでに」を簡潔に説明しましょう。最後に復唱してもらうと◎。よけいなことを言い過ぎると、肝心な部分が抜けてしまいます。

何度か同じことを言っても相手が理解しないのであれば、より具体的に言いかたを変えて。「見やすくコピーして」→「文字がつぶれないように120%くらいに拡大して」

指示をあまりにも細分化しすぎず、全体像を示してからその仕事の役割を説明。

ただし、あまり指示しすぎると自分で考えなくなるので、注意。「方法」などは自分で考えさせることも必要。

指示を出した後は

どのような形で進んでいるのか、ときどきはチェックして。かといって過干渉はNG。相手がどうしていいのかとまどっていそうなときは「今まではこうしてきたんだけど…」とサポートしてあげましょう。

指示を聞く姿勢

姿勢を正し、相手の言葉をさえぎらない。必ずメモを取りながら聞くようにしましょう。会話の切れ目で「ハイ」と返事をすると、聞いているという合図になります。まったく無反応だったり、ペンを回したり…はNG。

まずは返事

指示を受けたらまずは

ハイ、かしこまりました

と返事を。「え～」「わかりましたけど…」といった受け答えはNG。ただし、疑問点や、主観的な表現、あいまいな部分は必ずこのときに確認すること。

矛盾する指示

同じ人に矛盾する指示を与えられたら、どんな点がおかしいと思うのかを伝えましょう。その際「おかしいと思います」という言いかたではなく、「先ほどいただきましたお話でおうかがいしたいことがあるのですが～」と、たずねる形で。指示通りに作業を進めると、こんな矛盾点があるということを、明確に伝えましょう。また、ふたりから同時に矛盾する指示を与えられた場合は、直属の上司（自分に近いほう立場の）に相談しましょう。

指示がコロコロ変わる

作業を 進めていたら、異なる指示を出される…
そんなときは

先ほどは、○○といった指示を受けましたが、こちらでよろしいでしょうか

と、確認をとりましょう。それでも変更が多いときは、しばらく別の作業を優先させて、様子を見るのもひとつの手。

明らかにムリ

どうがんばってもできない仕事を指示されたら

申し訳ございません。今日中というのは、時間的にも厳しいようなので、もう1日お時間いただけるとありがたいのですが、よろしいでしょうか

または

「○○でしたら可能ですが、よろしいでしょうか」と妥協案を提示します。ただ単に「できません」というだけでは、仕事ができない人と評価されるので要注意!!

また、できる見込みもないのに「がんばります」と引き受けると、かえって相手に迷惑をかける恐れもあります。

部長、
申し訳ありません。今お時間よろしいでしょうか。

会話をするコツ・タイミング

目上の人と話すときには姿勢にも注意。もし（自分が座っていて）相手が立っていたら、あなたも立ち上がって。あなたが話しかけるときは「お時間よろしいでしょうか」と話しても大丈夫かどうかを確認してから。

素敵なネクタイですね…♪
カエルの天敵…。
そう？
愛社精神はないのか

ニガテな上司・先輩との接しかた

ニガテだからといって、一方的に距離をおけないのが「仕事の人間関係」の特徴。極論すれば、いかにニガテ意識を持つ人を作らないかが、仕事を快適にするカギ。

「ニガテ→話さない→情報がなく話せない」の悪循環を断ち切るため、ニガテな人とこそ、話をして、会話のネタを持っておくこと。初めは「今日は晴れていて気持ちがいいですね」「そのネクタイ素敵ですね」という目の前のあたりさわりのない話題で間をもたせてみましょう。

年下の上司

会社の役職は「人間として偉いか」ではなく、役割分担が第1の意味です。もちろん、年上の上司と同じように接します。年上、年下関係なく、相手を尊重する気持ちを持って仕事しましょう。

課長、企画書をお持ちしました
米山先輩…
課長

女性の少ない職場

異性の上司や先輩、同僚などから食事に誘われたからといって、過剰な反応をする必要はありません。ただし、誰に見られても誤解されないように場所を選んで言動に注意しましょう。

誘いを断る

「お誘いいただいてありがとうございます」と、まずは誘ってもらったことに感謝の気持ちを。その後「とても残念なのですが、その日はあいにく以前からの予定がありまして、ご一緒することが難しいです」と、丁寧に断りましょう。こういうときはあえてゆっくり話すとその間に、相手も気持を整える時間ができます。

お好み焼でも…
と・て・も・残・念・な・の・で・す・が

誤りを指摘する

この商品は、女性をメインターゲットにしたものと考えてよろしいでしょうか

と、まずは自分の認識が間違っていないかを確認します。それでもやはり上司や先輩が間違っていると感じたら、

（女性の立場から）
私は、○○のように思うのですが、いかがでしょうか

とたずねましょう。いきなり「○○さんのお考えでは違うように感じます」という言いかたは、相手が上司、先輩でなくても失礼で、場の雰囲気をこわします。

自分の意見を言う

上司や先輩と対立した意見を言うのは勇気がいりますが、いろいろな考えが出されてこそ、いいものができあがります。

しかし「○○課長、私はそうは思いません」と、いきなり否定から入るのはやめましょう。まずは「○○課長の○○というお考えはごもっともだと思います」と、いったんは上司の意見を肯定して。それから「ただし、私は○○のようにも思い、○○にしてもよいのかと思います。いかがでしょうか」とおうかがいする形で意見を述べましょう。最後の「いかがでしょうか」は重要ポイント。

こちらは
いかがでしょうか

角の立たない言い回し

「〇〇してください」←「〇〇していただけますでしょうか」

文頭「お忙しいところ申し訳ございませんが…」

文末「お引止めしてしまい申し訳ございませんでした」

反対意見を言った後「〇〇部長の意見、大変参考になりました」

「わかりました」←「かしこまりました」

「それでよいと思います」←「それがよいと思います」

「3人ではムリです」←「3人より、4人のほうがスムーズに進むと思います」

仕事を教えてもらえない

上司が仕事を教えにきてくれると思っていてはいけません（相手は、あなたが何がわからないのかわからない、のが普通です）。知らないこと、わからないことがあれば、自分から素直に聞くようにしましょう。

仕事の多くが、コミュニケーションによって成り立っています。「聞かなくてもできる人」は、そのトレーニングのチャンスを失っているともいえます。後々伸びるのは「聞く人」です。ただし、「わかりません」ではなく、「ここまではこのようにしましたが、この後どうすればいいのか教えていただけますか」と、自分でできることはやってから聞きましょう。
なんでもかんでも「わかりません」と聞いてしまうと、何も考えない人と思われてしまいます。

部下・後輩との接しかた

Behavior Toward Your Subordinates

仕事を頼む

自分が先輩だからといって「やっておいて」と偉そうな態度をとるのは禁物。「忙しいところ悪いけど」「今いい?」と相手を気づかって。頼む内容は「何を頼みたいのか」+「どのようにしてほしいのか」+「いつまでに」を明確に伝えて。最後に「突然でごめんね」と、お詫びの言葉をプラス。

そして仕事を頼んだ後は滞りなく進んでいるか、アフターフォローを。ただし、お願いした仕事のできが悪いときは、(気が引けるかもしれないけれど)きちんとダメ出しを。「お願いされたこと」と「仕事のでき」は別のこと。そこで大目に見ることは、かえって部下・後輩が仕事ができない人間になる原因になります。

ジェネレーションギャップ

新入社員とは、年々、年齢差が開いていくのは当り前。使い慣れない流行語を使ったり、ムリに会話を合わせる必要はありません。流行モノなどわからないときには「それ何?」「新しいミュージシャン?」と素直に聞いてみましょう。話題が合わないからと、壁を作るより、自分からコミュニケーションを求めたほうが、後輩たちもなじめます。

叱る・怒る

部下や後輩がミスをし、それを叱るときには、まず人前で叱らないこと。さらに感情にまかせて怒るのではなく、冷静になって「今後は気をつけてほしい、改善してほしい」という説明をする気持ちで。やみくもに怒ってしまうと部下や後輩は「なぜ、こういったことが起きたのか」という原因を言いにくくなります。

叱った後のフォロー

ネチネチと引っぱらないこと。怒りすぎたと感じたら「あのときは、きつい言いかたをして申し訳ない」と謝りましょう。また、叱った内容に対して改善点が見えれば、どのようによくなったのかを挙げて、ほめましょう。

カモメスーパー
店長！

声のかけかた

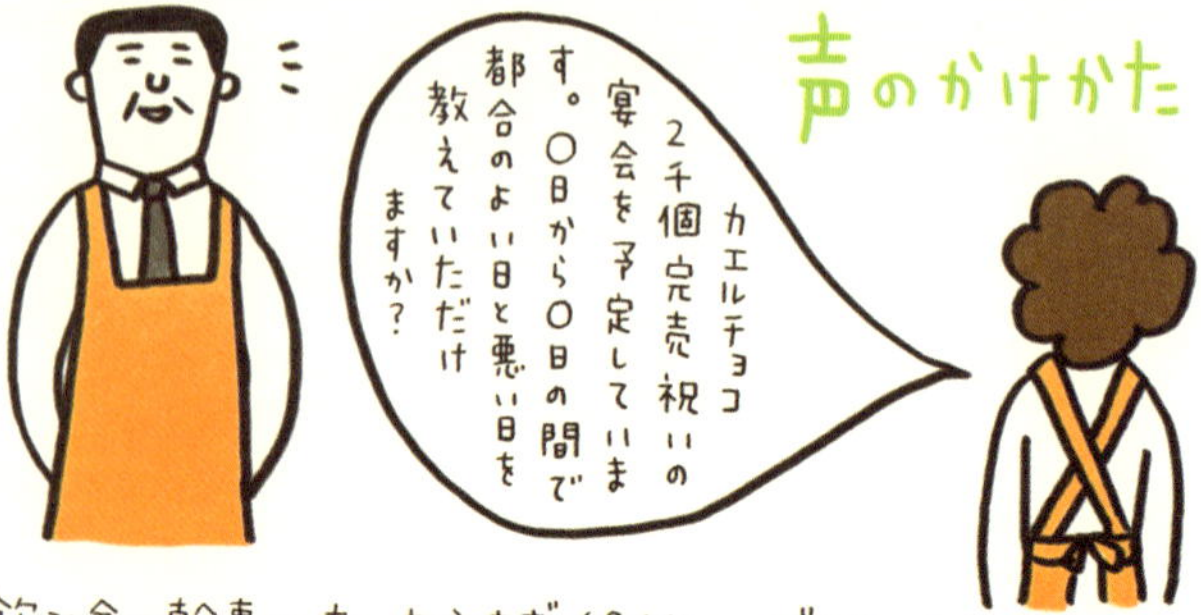
カエルチョコ2千個完売祝いの宴会を予定しています。○日から○日の間で都合のよい日と悪い日を教えていただけますか？

飲み会の幹事になったらまず、絶対にハズせない人（上司や主賓）に都合のよい日を聞きましょう。ある程度日にちが決まってから、ほかのメンバーに声をかけましょう。

その後お店を決め、予約し、参加者全員に「お店、時間」を伝えます。人数が多い場合はコースまで決めておくと楽です。

お店の選びかた

ちょっとうるさすぎるかな…

立地、大勢でも入れるか、店内はうるさすぎないかを考慮します。

交通ルートが不便でないところを選び、開始時間は少し早めに設定しましょう。職場にはさまざまな場所から通勤している人がいるので、閉会後、終電に間に合うかを考慮して。

幹事の仕事

日にち・店を決める

↓

出欠をとる

↓

(仮予約する)

↓

予約する

↓

参加者に詳細を伝える

↓

お金を徴収する

↓

当日、飲み物の注文などを行う

↓

会計を済ます

末席(出入り口付近)に座り、注文などを引き受けましょう。

お金の集めかた

料理をコースにし、ドリンク別料金の場合、料理代の4～5割くらいがドリンク代としてかかると想定しましょう。料金は事前に徴収しておくと、会計時にスマートです。このとき「想定料金より少し多め」がポイント。足りずに再徴収するのは無計画に見えるし、集めづらいもの。もし、お金が余ったら、次回の飲み会にまわしましょう。

社員旅行

「ドタキャン厳禁」「時間厳守」「あくまで団体行動」をしっかり守って。ドタキャンすることで、キャンセル料が発生。ひとりが時間を守らないと全員のスケジュールに支障が出ます。仲のよい人とばかり話さず、ふだん接点のない人とも会話のチャンスを作りましょう。

無礼講

いくら上司に「今日は無礼講で」と言われてもハメをはずしすぎないように。「無礼講」は「無礼をしてもよい」ということではなく、「堅くるしいマナーはぬきで」程度の意味。

カラオケのマナー

いくらカラオケが好きでも、ひとりで歌い続けないこと。上司や周りの人へも「○○さんの歌が聴きたいです」とふりましょう。また自分の好きな曲だけでなく、1曲は誰でも知っている曲をチョイスすると◎。ほかの人が歌っているときは「自分の曲探し」に熱中しない。自分の好きな曲でも、ムリやり割り込まない（マイクを奪わない）

［よいほめかた］

「思わず聴きいっちゃいました」

「低音もシブイですね」

［ダメなほめかた］

「この曲、元歌はすごくいいですよね」

「（失恋の歌などで）感情こもっているけど、こんな経験したんじゃない？」

お酌《しゃく》をする

まずは上司から。飲めない人にはムリにすすめないように。瓶ビールをつぐのであれば、ラベルを上にし、利き手で瓶の底のほうの上側を持ち、もう片ほうの手は、瓶の口のほうを下側から支えます。日本酒のお銚子は右手で口のほうを持ち、左手にはおしぼりを当て、底のほうを持ちます。どちらも、グラスや盃に、直接瓶が当たらないように。会が進んでからは勝手につがずに「いかがですか」とうかがいましょう。

お酌をされたら

上司にお酌をされたら飲めなくても「いただきます」と、両手で受けましょう。それはムリに飲まなくてもよいのです。

仕事関係者のお見舞いに行く

Inquiring After a Business Associate

病気の場合、状況を聞いてから

電話で家族の方にお見舞いの言葉をのべてから、容態を聞きます。お見舞いが可能な状況であれば、面会時間内に。ただし、長居したり、大勢で押しかけるのは×。容態がすぐれないようであれば、会うのは控えて。

出産の場合

出産直後は避け、数日経って体力の回復したころにうかがいます。病気ではないので、「お大事に」などの見舞い言葉ではなく、母子のがんばりをたたえる言葉を。産休・育休後に仕事に復帰する人の多くが、「自分が仕事・職場を離れること」に不安を感じるもの。メールや電話などで、職場の様子などを随時報告してあげるのも◎。

お見舞い、差し入れの品

商品券、本、雑誌、花束、（病院は携帯電話禁止なので）テレホンカード、（入院者が）食べてもよい食べ物、（大部屋の場合）分けられる食べ物など。

匂いの強い花、白い花、花粉や花びらの散りやすい花、鉢植え（根づいているので、そこに寝つくという意味にとられます）

会社の話はしない

病気入院の場合、相手にたずねられない限り、仕事の話題は避けて。「あなたがいなくて、こんなに大変だ」「あなたがいなくてもまったく問題ない」。どちらにしろ、相手を傷つけることになります。ただし、

あなたがいないとお客様も、お店（社内）のみんなも寂しがっているわ

と、その人の存在が必要であることを伝えましょう。

このお花、なんとさんから！
おっちょこちょいだからケガすんのよ

また、突発的なケガによる入院で、相手の体調自体は悪くない場合は、「留守（休み）中にしておくこと」などを聞いてあげることも必要。

第2章

仕事美人になるための、コツとアイディア

会議はサッカー

会話が「キャッチボール」ならば、会議やミーティングは、パスをつないでゴールをめざす「サッカー」のようなものです。結論を出すために、いかに前向きな意見を出し合えるかがポイントになります。

市場調査の結果、B案でいきたいと思って、今先方に見積もりをお願いしています！

テーマ設定のしかた

会議やミーティングでは、本当に決めたいと思うことの一歩先をテーマ設定するのが、結論までたどりつくためのコツです。

本当に決めたいことを議題にしたとき
結論に届かなかった
コンピューターソフトを導入するか否か

会議に入る前に

人が集まっていきなり本題がスタートすると、緊張モードのまま、話が進むことになります。会議が始まる前に軽い雑談を交わし、場の雰囲気を和やかにしておくことも、いい会議の演出方法です。

ウォーミングアップ!!
カエルチョコ売れてよかったよねーっ
ホントですよねー。次の企画も当てましょ〜

〜と仮定して、先に進めましょう
予算の問題は、いったんおいておいて、部長のお考えを…
話が停滞しているときには、前に進めるためのスルーパスなども必要。
まずはできることからやってみます!

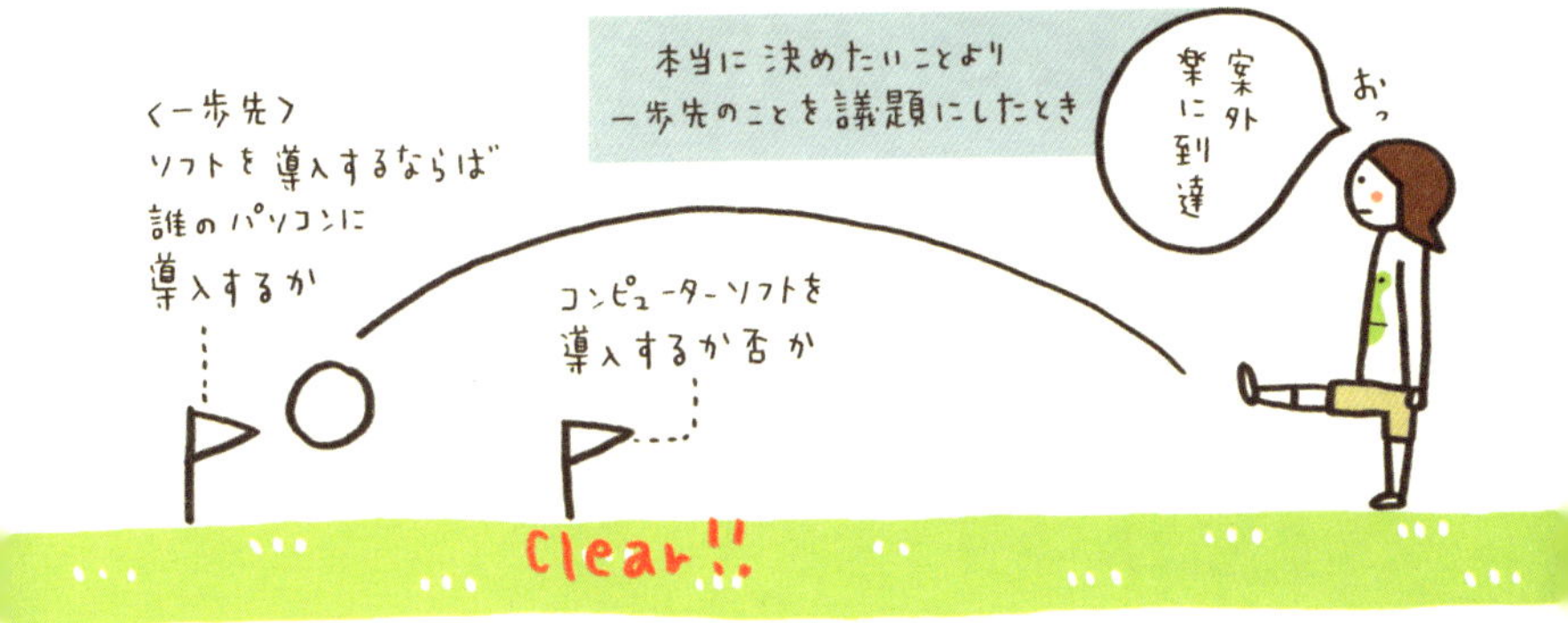

本当に決めたいことより一歩先のことを議題にしたとき
おっ
案外楽に到達
〈一歩先〉ソフトを導入するならば誰のパソコンに導入するか
コンピューターソフトを導入するか否か
Clear!!

ブレーンストーミング的発想

ブレーンストーミングとは、「ある意見・テーマを、絶対に否定しないで、それを実現するためのさまざまなアイディアを出し合い議論を進めていく」こと。

そのアイディアに問題があれば、さらにそれを解決するアイディアを出し合う。

テーマ
チーム・カエルに勝つためには
パスの精度を上げる
体力アップ
練習をふやす
問題はどうやって練習時間を作るかだよ
仕事の休けい時間に練習するとか
あと持久力をつける
早番の人は仕事が終わってからする?

こうして出された結論について、最終的に実現性・妥当性などを判断すればよいのです。

基本的な流れ
①趣旨説明……どんなことについて会議するのか、簡単な説明をする
②討議……話し合い。必要に応じて、資料、データなどを使用
③まとめ……決定事項などの整理、確認を行い、次回の会議の日程を決める
④議事録作成……公式な会議の場合、必要に応じて会議内容をまとめ、決定事項などの資料を作成することも

メモをとる

会議中は、数字や誰かの発言のポイントをメモします（後で自分が発言するときの材料にもなります）。すべての発言をメモしようとすると、それに手いっぱいになり、流れを見失います。議事録でもない限り、その必要はありません。

発言のしかた

大人数のときは、発言を求める
流れのときに挙手をしてから。

意見はまず結論から --→

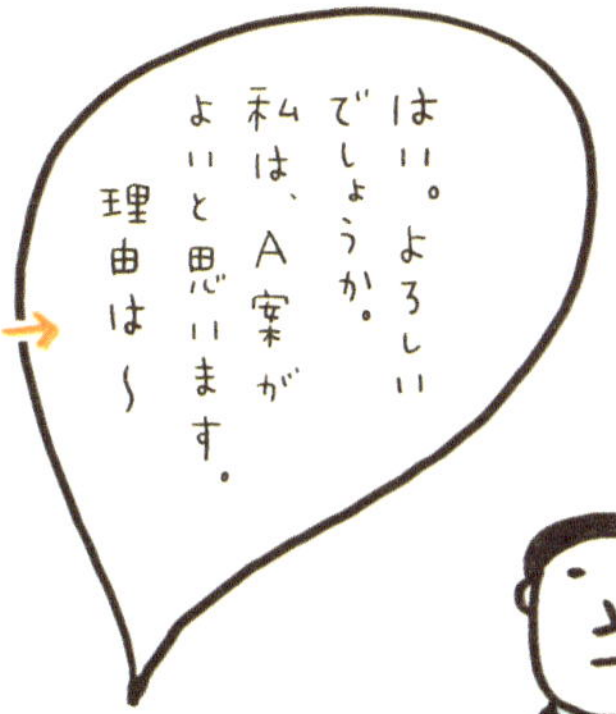
はい。よろしいでしょうか。
私は、A案がよいと思います。
理由は〜

人の話をさえぎったり、話題からそれた発言はNG。ためらいなく意見を言うためには、日頃から周囲の人との信頼関係を築いておくこと。進行を乱さない程度の軽い冗談(笑いの対象は他人ではなく自分に)、時事ネタは、場の雰囲気をやわらかくし、アクセントを与えます。

眠くなったとき・中座するとき

軽く姿勢を直してみましょう。同じ姿勢より、軽く動くと眠気がさめます。また、自分が末端の立場であったら、お茶を用意しに出て行くのも手。途中で中座しなくてはならないときは、会話の区切りのよいときに、一言あいさつをしてから。

欠席者に対して

会議やミーティングに欠席者がいた場合、配布された資料や、決定事項を箇条書きで記して渡しましょう(口頭ではなく、メールやプリントが無難)。議事録があれば、それも一緒に。

質問のしかた・反対意見の出しかた

質問・確認では、
「聞き逃してしまったかもしれないのですが…」
「この件に関して不勉強で申し訳ないのですが…」などのクッションをおくのがベター。

また、反対意見を言うときは、
どんなに突っこんだ内容でも、
あくまで表情は優しく、

「あえて反対意見を申し上げるのですが…」

など、"この意見は、会議を盛り上げるためのもの"ということを伝えましょう。

「とてもいいアイディアだと思います。ただ1点だけ引っかかっていて…」

と、いったんは、相手の意見を肯定するのも角が立たない方法。

うまいフォロー

● 発言者が重要なことを言い忘れていることに気がついたら、

「○○の件は、どうでしょうか。(教えてください)」

と、質問の形でうながすのも手。

● 発言者に、わざと論破しやすい否定的意見をぶつけ、(論破されることで)発言者の意見にハクをつけるのは、ちょっと高度なテクニック。

「時間にもなってまいりましたので、この件につきましては、後日の議題ということにいたしましょう! いかがですか?」

● 終了予定時間間際になっても議論が終わらないと、困る人も。そんなときは、周囲を気づかう必要も。

名指しで意見を求められたら

特に意見のない場合、「特にありません」とそのまま言うと、否定的なニュアンスに受け止められる、あるいは、何も考えていない、と思われることがあります。

特にありません…

その場合、
「知らないことだったので、勉強になりました」など、プラスのニュアンスの感想を伝えましょう。否定することで自分を優位に見せようと、ムリに否定的な意見をひねり出すことは、何のメリットも生みません。

反対意見に対して

自分の足元にきたボールを、的確にパス、シュートに持っていくには、正確なトラップ（受け止め）が必要。

自分と反対意見を出されても感情的にならないように。反対意見も冷静に受け止め、（会議の目的は、相手を言い負かすことではないので）自分の意見とどちらがよいか冷静に考えること。意地の悪い反対意見に対しては、

なるほど、思いつきませんでしたが、そういう考えもありますね

など。大切なのは、何が起きても動じず、笑顔で対応し、余裕を見せること。

あ

準備するもの
ノートやペン、資料などは、事前に準備しておきましょう。相手は、あなたに対して"やる気がある""時間をムダにしない人"という印象を持ちます。
カエル商事
会議室
まず最初に、時間をもらったことに対するお礼と、
今日はお時間は大丈夫ですか
と、相手の予定の確認を。
本日は、お時間をいただき、ありがとうございます。
はい
依頼を円滑にするには
基本は「5W3H」(P73を参照)を明確にすること。依頼内容のわかる資料とともに、相手に「何をしてほしいか」「仕事のおおまかな流れ」「いつまでに」などを記したものを渡しましょう。
弊誌○月号で「女性が手がけたヒット商品」という特集を組むのですが、ぜひ、カエルチョコと、太田さんに取材をさせていただきたいのですが…
メダカ出版
「月刊メダカ」○月号
発売日 ○月○日/部数○○部
第1特集「女性が手がけたヒット商品」
依頼事項
商品開発までの道についてのコラム
400字詰原稿用紙5枚
締切日 ○月○日
口頭で伝えると、(相手が)うっかり忘れてしまうことがあります。文書を渡すことで記録が残り、相手も文字を読むことで、理解度が深まります。

初めて会う相手

まずは自分が笑顔で"あなたに会えてうれしいです"という気持ちを表現しましょう。

元気いっぱい大きな声であいさつすると、自分の緊張をときほぐす効果もあります。

相手を知る上でも、まずは「軽い雑談」が効果的。ただし、相手に時間がないときは単刀直入に。

私、カエルチョコ大好きなんです！1日に6枚はかるく食べちゃうくらい。ですから
今日は楽しみだったんです！

ポイントは笑顔。ここで注意したいのは口より目。優しく微笑む口を作ると、自然に口角が上がります。

ジェスチャー

自分の肩幅より大きくならなければ、ジェスチャーも有効。話に真剣になっている印象を与えます。また、「手のひら」を相手に見せることで「私はあなたに心を開いている」という心理的な作用もあります。

反対に、「腕組み」は、拒絶のポーズと受け取られることもあります。

依頼をされる

相手の話を聞きながら、メモを。途中で疑問に思うことが出てきたら、そこで質問しないでメモします。そのつど質問すると、相手の話の腰を折ることになり、「話しにくい相手」と思われます。最後に疑問点をまとめて聞くのがコツ。

わかりました。上司に確認をして明日までにお返事をさし上げますが、よろしいでしょうか。

安うけ合いしておいて後日、断るのは、相手が貴重な日にちをロスすることになります。じっくり検討する必要があるなら、いつまでなら返事を待ってもらえるか、必ず確認します。

すごいです!! カエルチョコ、きれいに写ってますよ!!
カエルチョコ
が生まれた日
ヒット商品

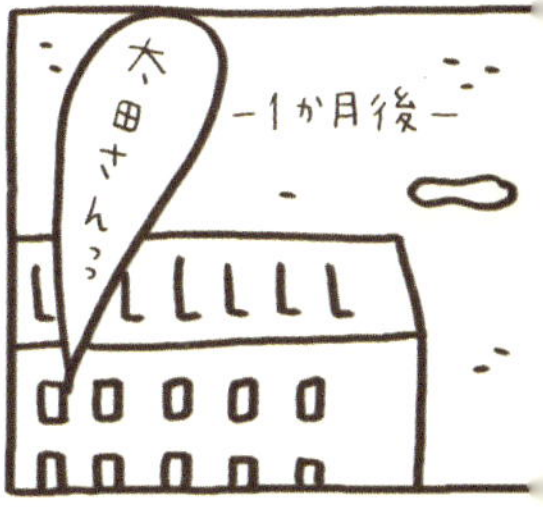
ー1か月後ー
太田さんっっ

心構え

自分が「会社の代表である」という意識を持ちましょう。

社内で決まったこと（納期、コストなど）を決定事項に添うべくやってもらうように交渉するのですが、「発注してあげている感」が出ないように注意。決して自分が偉いというわけではないことをお忘れなく。指示や依頼という形はOK、命令はNG。

条件の提示は最初に

お金や条件のことは、仕事を受ける側からは聞きづらいもの。また、仕事が終ってからだと、「認識が違っていた」というケースもあるので、仕事にかかる前に、発注側から提示します。

○
シンプルな構造にしたいと考えています。ついては…
×
とにかくシンプルにしてくれればいいです

15時までにフラワーアレンジ50個、ムリでしたら、30個ではいかがでしょうか？

優先事項を見極める

「スケジュール」が大事なのか、「その人（会社）に引き受けてもらうこと」が大切なのか、「時間がかかってもいいから、コストをおさえること」が優先なのか…最も重視するポイントを（上司とも相談し）明確にしておくと、交渉がしやすくなります。

たとえば、「20日までに100個の製品をお願いします」「20日までには時間的にムリです」となったとき、「（当面必要なのが50個だとしたら）では、18日までに50個ではいかがでしょうか？お引き受けいただけるのなら、25日までお待ちいたします」と、代替案を提案できます。

発注先担当者が年上

発注先の担当者が自分より年上の場合、(自分の社への)発注担当者が自分より年下の場合もあります。基本的に、発注する側が指示する立場にあることを忘れないで。ただし、その担当者を(その人の部下の前などで)叱責したり、恥をかかせることのないように。

発注する人
〔指揮者〕
発注される人
楽しい旅行パンフレットを作ってください
27才
32才
楽しいパンフレットを作りたいので楽しいイラストを描いてください
32才
58才

残りは19時までにはお届けいたします。

残念ですが今回は取材をお受けできません……

折り合いがつかない

恋愛の告白同様、自分の説明や条件に魅力がなければ、交渉がうまくいかないケースも多々あります。自分の言い分、相手の言い分、その妥協点が見つからなかったときは、(まずは、上司に相談したうえで)潔くあきらめることも大切。

情に訴えてでも引き受けてもらうことが必要なこともありますが、そのようにして後で問題が起こった場合、人間関係がギクシャクしてしまうことも。もちろん、逆のこともいえます。最大限に努力しても(引き受けることが)ムリなら正直に伝え、お断りしたほうが親切です。

クレームへの対応、謝罪する

Answering a Complaint and Apologizing to the Clients

基本の対応

カモメスーパー
サービスカウンター
です。

① (フリーダイヤル以外なら特に)
相手からもらった電話を長引かせないため、確認の時間をとるため、また、一瞬の冷却期間をおくためにも、一度電話を切って、こちらからかけ直しましょう。

保留にして長く待たせるのは絶対NG。

ただし、自分の電話番号を明かすのを嫌がる人もいるので、そのような人には都合のよい時間を聞き(あるいはお伝えし)、かけ直してもらいましょう。

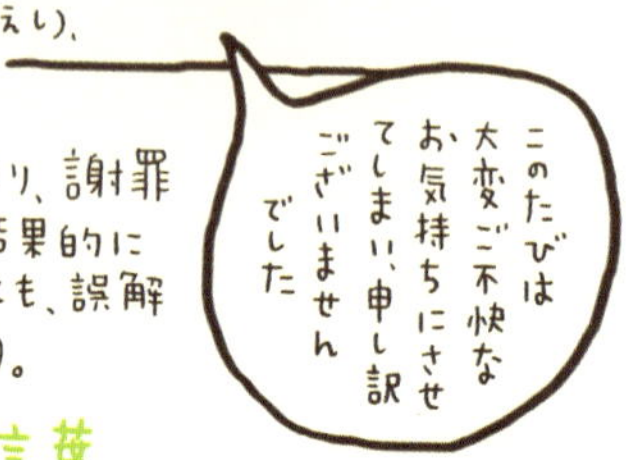

このたびは
大変ご不快な
お気持ちにさせ
てしまい、申し訳
ございません
でした

② まずは、相手の立場になり、謝罪の気持ちを伝えます(結果的に相手の誤解だったとしても、誤解を与えたことを謝ります)。

今日、
おたくで
買ったみかん、
いたんでた
わよ

プラスαの言葉

商品を購入してくださったお客様に対しては、「謝罪の言葉」に、購入していただいたことに対しての「お礼」をプラスしましょう。

「大変失礼いたしました」+「このたびは、弊社の○○をご購入いただき、本当にありがとうございます」

また、改めて電話をすることになった場合は「何時ごろでしたら、お電話させていただいてよろしいでしょうか」と、相手を気づかうことを忘れずに。

③ 次にお客様の話を丁寧に聞き、状況確認を。自分で対応できる内容であれば、冷静に迅速に対応して。

④ 自分が直接の担当でない場合は、担当者に回します。担当者が不在の場合は「ただ今、あいにく担当者が外出しておりますので、至急連絡をとり、折り返しお客様へご連絡をさせていただきたいと思いますがよろしいでしょうか」と、相手の意向をうかがい、担当者に連絡します。

もうらちがあかないから、そっち行くから!!

タイムリミット

相手の心証を左右するのは"迅速な行動"。すぐに解決できないようであれば、30分以内に と、折り返しの電話をする時間を明確に伝えましょう。誠実な印象を与えるとともに、相手の都合もうかがえます。

直接会社を訪問された

まず受付でお客様の「お名前（会社名）・クレーム内容」をうかがい、担当者に連絡をします。応接室や会議室に案内するのか、受付で待っていただくのか、担当者に指示をあおぎます。部屋に案内した場合、担当者はお客様をお待たせしないよう、急いで行動を。案内したお客様に対しては、お茶を出すのを忘れずに。

自分の手に負えなくなったとき

お詫びの意を伝え、クレームの内容をしっかり把握し、上司に相談しましょう。このとき「上司と相談をし…」という言いかたをしてしまうと、責任逃れをしているニュアンスを与えてしまうので注意。「担当者から折り返しお電話させていただいてよろしいでしょうか」と、上司に担当者になってもらうことも必要です。

私じゃ、だめだ……。

たとえば部長・取締役が、直接、その立場で対応にあたるケースも出てきます。ただし、そこで解決に至らない場合、後がなくなってしまいます。すぐにバトンタッチするのではなく、極力、自分で対応にあたるようにしましょう。

言葉以外では

先方を訪問し、謝罪するのが必要なことも。しかし、相手の都合も聞かずに一方的に押しかけても逆効果になります。相手とコミュニケーションを取りながら判断しましょう。訪問する場合は、

これから出発いたしますので、1時間後にうかがいます。お客様のご都合はいかがでしょうか。

と再度確認を。

お詫びの気持ちの贈り物をするときは「こちら〇〇です。もしよろしかったらお召し上がり（お使い）いただければ幸いです」と最後に渡しましょう。最初に渡すと、「物で許してもらおうと思っている」と受けとられることも。やはり何と言っても"お詫びの気持ち"が大切です。

やっとみかんが食べられる…お、りんごもバナナも。
得した
申し訳ございませんでした!

会ってもらえない

相手が「顔も見たくないから、来ないでほしい」と直接謝罪をする機会を与えられない場合は、手書きのお詫び状を郵送しましょう。心を込めた手書きという点に意義があるので、パソコンの文章は ×。相手が心を閉ざすほど失礼なことはしないように、日頃からマナーを意識して仕事をしましょう。

クレーム対応後

まずは、問題事項に対する解決策を実行することが最優先。問題解決後は、始末書や顛末書を提出します。会社によって多少異なりますが「5W3H」を用い、事実を記しましょう。始末書を作成すると、問題の結果だけでなく経緯が明らかになり、今後の反省点などがわかります。ミスは他人に知られたくないものですが、ミスの原因と善後策を共有するため、また、クレームの相手からの連絡に自分以外の人間も対応できるよう、「経緯」は同じ部署の人間にも伝えておきます。

クレームに対してのNGワード

「いいえ違います」
「そんなはずはありません」
「そうはおっしゃいますが」
「わかりません」
「それはできません」

今後は、毎日の鮮度管理を徹底する

準備するもの

① 出張先の連絡先、
訪ねる相手の部署・名前、
残していく仕事に関する
連絡先の一覧（これは、
同僚や上司ら、会社に
残る人間にも必ず渡す
こと）

② 打ち合わせなどに
使用する資料類

③ 筆記用具

④ 新幹線などのチケットは必ず
持ち歩きましょう。
（行きは必ず時間に余裕を持って
予約を。帰りは、確実な時間が
わかっている場合は予約を。
シーズンによっては、チケットが取れ
なくなる可能性もあります。）

泊まりの場合は、
携帯電話の充電器や
パソコンもお忘れなく。

出張する

Making a Business Trip

スケジュールの立てかた

基本的には相手のスケジュールに合わせます。ただし、出張に行くという限られた時間の中でいくつかの仕事をこなさなくてはならない場合、大ざっぱに自分でスケジュールを立ててみましょう。

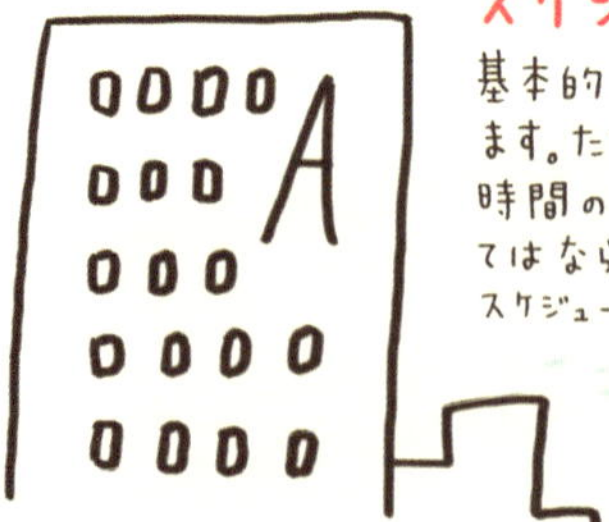

A社の後にB社に行ったほうが
時間のロスが少ない…そう判断
できるときは、「午前中にA社、
午後にB社」というような形で
可能かということを打診してみましょう。

取引先と食事をする

基本的には割り勘。ただし、こちらが出向いたということで先方が負担してくれる場合もあるので、そんなときは、「今回はお言葉に甘えさせていただきます」と。ただし、こちらからのお願いで先方にうかがう場合は、こちらで負担しましょう。予算などは出張前に上司や先輩に相談しておくこと。

上司とともに出張

チケットやホテルの手配などは、下の立場の人間が行うのが一般的。部屋をどうするかなどは相談し決めます。新幹線・列車の座席は、窓際から上座になります。ただし好みがあるので、一般的な席次を知ったうえで、相手の心地よい席に座ってもらいましょう。

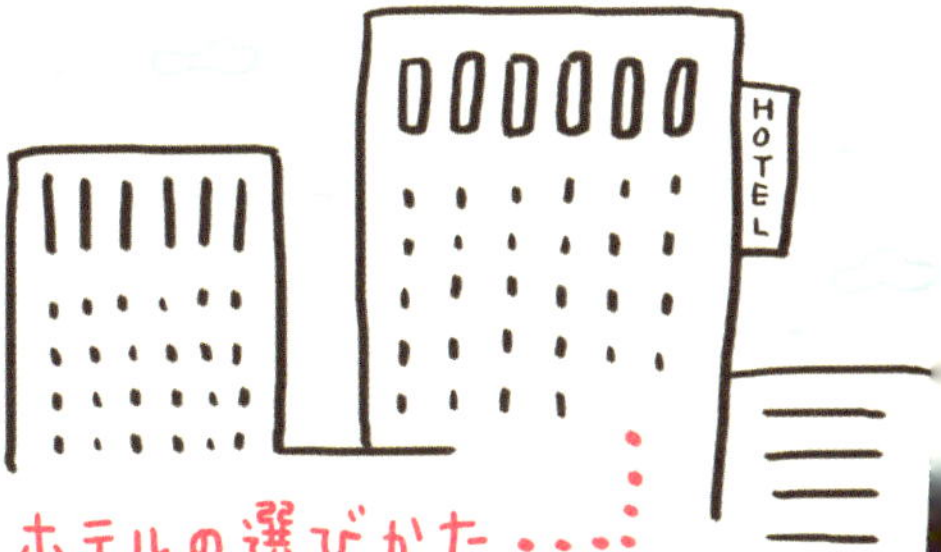

ホテルの選びかた……

もし、規定料金内のホテルがどこもうまっている場合は、上司に一言相談しましょう。
勝手に泊まってしまうと、ホテル代は自己負担に…ということもあります。これは、新幹線のグリーン車にも同じことがいえます。

…おみやげ

出張先の相手に対しては、必ずしも持参する必要はありませんが、こちらからのお願いごとでうかがう場合は持参することも多いようです。

自分の社へのおみやげは（業務での出張なので、基本的には必要ありませんが）自分のいない間に仕事のフォローをしてもらったお礼として、みんなで食べられるような銘菓などを買っていくと○。地域限定商品（ジャンボ○○）のようなユニークな物も話題になります。

おみやげをもらった側の人は、自分のニガテな食べ物でも、食べずに机上に放置しておくなどの配慮のないことをしないように。

お中元・お歳暮

社内の人同士の、お中元、お歳暮のやりとりを嫌がる会社も増えています。自分の「贈りたい気持ち（感謝の気持ち）」よりも、受け取った人が困惑しないことを第一に考えること。 時期としては、お中元は「7月上旬〜15日」、お歳暮は「12月上旬〜20日頃」に贈ります。取引先に贈る場合は、会社として贈るのが一般的なので、上司らに相談しましょう。

自分が贈っていないのにいただいたら、お礼状を出します。いただいた品に対してのコメントを書くと、感謝の気持ちがより伝わります。
（手書きのカードを入れる）

お中元・お歳暮に贈るもの

会社あてに贈る場合、仕事中に飲んだり、食べたりすることができるものが○。缶ジュースや個包装のお菓子などが喜ばれます。逆にカットが必要なお菓子や、フルーツなどは、手間がかかるので×。

個人あてに贈る場合、家族構成や好みを考えましょう。小さなお子さんのいる家庭であれば、お菓子など喜ばれますが、夫婦2人の家庭では大量のお菓子など困ってしまいます。また、いただき物が多いと予想される人物であれば、商品券という手も。「つけ届け」的な印象を避けるため、家でとれた野菜、お手製のジャムなど、その人らしさが伝わる物もアピール度大。

結婚祝い・出産祝い

親しい間柄であれば、何が欲しいのか聞くのがベストです。個々で贈るより、数人でお金を出し合えば高価な家電などを贈ることも可能なので、同僚らと相談しましょう。直接聞きづらければ、質のよい高級なタオルなど、ふだん自分では購入しないけれどいくつあっても困らないものを選ぶと○。

年賀状

あけましておめでとうございます
迎春

取引先や仕事関係者には、会社の人間として出します。上司や同僚には、個人として出します。最近は連絡をとっていない、会っていないという人にも年賀状は毎年出し続けることをオススメ。いつ何時、またお世話になるかわかりません。

1月
2月
3月
4月
5月
6月

バレンタイン

最近では、日ごろの感謝の気持ちを込めて、課や部署の男性みんなが食べられる物を渡す傾向にあります。そういう場合は、職場の女性同士で相談を。あくまでも仕事場なので、相手によって差をつけたり、不平等にならないように気をつけましょう。恋愛感情がない場合、形状（ハート型）・値段・メッセージなどで、誤解を与えることのないよう注意。

なんだ太田さん、そうだったんですか
ちがいます

異動・退職のお知らせ

異動の辞令が下ったり、退職届が受理されたら、後任者とともにあいさつに出かけます。後任者を紹介するときは、その後任者をプラスのニュアンスで紹介すること。

退職をする場合は、正式に退職した後にあいさつ状を出し、今までお世話になった方に一報を入れます。退職の理由を詳細に書く必要はありません。

在職中は公私にわたり多大のご厚情を賜り、ありがとうございました。

仕事関係者の結婚式に出席する

Attending a Business Associate's Wedding

披露宴での服装

【女性】一般の披露宴では、アフタヌーンドレスが基本。本来はワンピースですが、スーツ、アンサンブルでも大丈夫。ただし、昼間は光る素材やアクセサリーは避けて。長袖で、スカート丈はひざ丈をチョイスしましょう。夜の披露宴ではカクテルドレスを。披露宴の前の挙式に出席するのであれば、ジャケットやショールを羽織って、肩を隠します。白い服は絶対NG。

【女性の着物】訪問着であれば、既婚、未婚問わずに着られます。振袖の場合は、花嫁がお色直しで着ることがあるので、大振袖は避けて、中振袖か小振袖で。

【男性】上着はシングルでもダブルでも○。ブラックスーツは昼夜対応できるので、一着持っていると着まわしができます。ネクタイは白かシルバーグレイが一般的。靴は黒の革靴か、つま先に切り替えのあるひも靴で。平服指定の場合は、ダークスーツでOK（平服は「カジュアルな私服」ではないので注意）。ただし、仕事の印象を出さないように、シャツやネクタイなどでおしゃれをしましょう。

ご祝儀

若い人であれば、同僚や仕事相手は3万円が目安。ただし、会費制のパーティでは不要です。また披露宴に出席しないのであれば、お祝いの気持ちとして5千円〜1万円を挙式の一週間前までに渡しましょう。

祝儀袋

自分の名前は水引の下の中央にフルネームで書きましょう。袋の裏は、下側を上にかぶせましょう。逆になると、弔事になるので注意。"幸せは上向き"と覚えると覚えやすいです。中包みの表には金額、裏には名前を書いて。

スピーチ

スピーチを頼まれたら、そういうことがニガテでも、快く引き受けるのがマナー。

出会いは、カモ×スーパーさんに、販売応援にうかがったときと聞いています
あのときのカモ×スーパーさんの、カエルチョコの売り上げのおかげで、我が社は今期、大幅黒字となり、
また、カエルランドの入場者数も昨年の2倍!!
会社の宣伝はNG!

「会社の同僚、上司」としてのスピーチなら、新郎新婦が会社でどのような活躍をしているかを具体的にほかの出席者に伝えるのが大きな役割。ただし、あくまで主役は新郎新婦。内輪うけ、自分のスピーチのうまさの自慢、会社の宣伝になることのないように。

連名のとき

［ふたりの場合］中央にふたりの名前を。

［3人の場合］目上の人の名前を中央に書き、その左側にふたりの名前を書く。

［4人以上の場合］代表者の名前を中央に書き、左側に「外一同」と書き、中に全員の名前を書いた紙を入れる。

［会社・グループで］中央に「○○会社○○部外一同」と書き、中に全員の名前を書いた紙を入れる。

寿
吉田勉
外一同

寿
株式会社カエル商事
営業部外一同

ご祝儀を渡す

ご祝儀袋はふくさに包みましょう。渡すときにはバッグからふくさのまま取り出し、ふくさをといて渡します。受付では、新郎新婦どちらに招待されたのかを告げ、「本日はおめでとうございます」と言ってから名前を言います。芳名帳の記帳は、ご祝儀を渡してから。

葬式に参列する

Attending a Funeral

服装

お通夜は、「突然のできごと」なので、訃報を聞き、勤め先から向かう場合、よほど場違いな服装でなければ、そのままの服装でも問題ありません。

【男性】ブラックスーツに白無地のシャツ、黒いネクタイ、黒い靴が基本。ネクタイが黒であれば、濃紺やダークグレーのスーツでも大丈夫。おつき合いの多い人は、会社に黒いネクタイを用意しておいて。

【女性】黒のフォーマルウェアが基本。スカート丈はひざが隠れるくらいの長さで、黒のストッキングをはきましょう。または、地味な色のスーツやワンピースでも可。ただし、光る素材や透ける素材、露出の多いものはNG。靴やバッグも基本は黒でプレーンな布素材で。

アクセサリーも地味にパールならOK。とくにネックレスは、二重や三重は「重なる」につながるのでNG。

香典

会社関係、仕事上のつき合いなら、金額は5千円〜1万円が目安です。表書きは宗教によって変わりますが、「御霊前」なら宗教を問いません。

お通夜と葬儀、両方に参列する場合は、お通夜で渡します。

名前は水引の下の中央に書きます。

中包みの表には何も書かず、裏に金額、住所、名前を書きます。

流れ

受付で香典を渡し「このたびはご愁傷様でした」と簡単にお悔やみをのべて、記帳します。↓焼香をする↓通夜ぶるまい。受けるかどうかは、故人や遺族との関係の深さで決めます。

仕事関係の弔事

仕事関係者や、その家族が亡くなった場合、上司や同僚とも相談をして、参列者などを決めたほうがいいでしょう。近しい存在であれば、受付、会計、道案内など葬儀の手伝いをすることもあります。

上司の代理で参列

上司から名刺をもらい、受付で香典と一緒に出します。

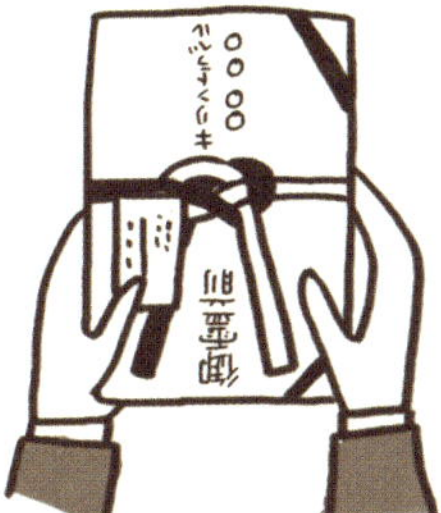

芳名帳には上司の名前を書き、その横に「代」と書いて自分の名前を並べます。

接待・打ち上げ・パーティーの作法

Manners at Receptions and Parties

接待する側の心構え

接待・打ち上げには、親交を深める、お礼、お詫びという意味も含まれます。仕事はずっと組んでいるけれど、なかなか打ち解けられない…というときには打開のチャンスです。自分はもてなす側に徹し、いかに相手に喜んでもらえるか、くつろいでもらえるかを考えましょう。

立食パーティー

ひとつのお皿に、温かい物と、冷たい物など、とにかくたくさん盛り合わせてしまうのはX。同じような料理を2～3品ずつ盛り合わせ、食べ終わったら次を取りにいきます。長く話しこんでしまったときは「お飲み物はいかがですか」「あちらに座ってお話いたしましょうか」と相手を気づかうことで好感度アップ。

会話から抜けたいときは、「ちょっと料理を取ってきます」などと言って。

ホスト・ホステスになったとき

自社のパーティーでお客様をお迎えする立場になったら、食事は事前に済ませ、パーティー時には形だけ料理に手をつけるようにして。料理はお客様をおもてなしするためのもの。飲み物やアルコールもひかえめに。ひとりでぽつんとしている人を見かけたら、知らない人でも話しかけます。話すことがないときは、来ていただいたお礼と、あいさつから始めてみては。

メダカ出版
月刊メダ
記念パ

服装は？

服装は、特に指示がないのであれば、スーツかワンピースでOK。アクセサリーや小物、ヘアメイクで華やかさをプラスしましょう。

カクテルドレスなどやりすぎはひかれます。

パーティーはネットワーク作りに

初対面の人や、ふだんは接点のない人とも知り合えるのがパーティー。

初めまして。私、フリーでライターをしております○○と申します。名刺を交換させていただいてもよろしいですか。

と、声をかけて大勢の人とコミュニケーションをとりましょう。ただし、話が盛り上がっているところに割り込んだりするのはNG。

パーティーでは、多くの人と名刺を交換するので（自分も相手も）印象がうすくなりがち。後日、改めてメールなどで、名刺交換のお礼などをするのもよいでしょう。

THE・接待！

取引先が接待を要求

まずは、そのことを上司に報告。場合によっては同席のお願いを。

ぜひ、キリントラベルさんのパックツアーでカエルランドを扱っていただきたいのです！
わかりました
どこかで食事でもしながらゆっくりお話を聞かせてください

ランチ接待

ディナーより価格も安く、拘束時間も短いので、相手にとっても負担になりません。特に相手がお子さんのいる女性などであれば最適。

なるほど、楽しいところですね
今、人気あるんですよね
料理もおいしかったです！
ありがとうございます

会話のコツ

あくまで主役は相手。自社の話ばかりではなく、相手の話も聞きましょう。そのためにも、情報を仕入れておくことは大事。あまり仕事の話ばかりだと、相手も息苦しくなりますが、(打ち上げの場などでは)仕事中に感じたことや不満を言ってもらうことも必要。ただし、自分の愚痴や不満をこの場で口にするのはNG。

趣味やお子さんのことなど、パーソナルなことにも、話題をふって話の聞き役に。

NGトーク

質問攻め。ひとりとだけ話す。仕事の話だけ。プライベートを深くたずねる。自分の自慢話。政治、思想、宗教など。

これらは、接待の場でなくてもNG。

店を選ぶとき

相手の都合を最優先に、日程や店の種類を決めます。

親しい間柄ならば、お食事の好みを聞けますが、目上の人の場合、なかなか聞けないので、ふだんから相手の好みを探っておきましょう。

店の選びかた

相手の好みで決めます。次は目的に応じ、騒がしくないところでの食事がふさわしいのであれば、個室のある店を選びましょう。さらに、相手の会社や自宅位置を考慮し、行きやすく帰りやすい場所というのも気配りのひとつ。料理は店に着いてからアラカルトを選ぶより、コースをあらかじめ決めておいて、店に着いたら即、食事ができるようにしておくとベスト。コースを選ぶときは、真ん中くらいの金額を選んでおくのが無難です。流行の店や新しい店も、その後の話題にできるので○。

……という訳です。同席していただけないでしょうか。
わかりました。先方と日程調整してください。

はい、それでは○日に、カエルランド内の「レストランみどり」ではいかがでしょうか。
お時間は、11:30〜13:30でよろしいでしょうか。

契約成立！

ぜひ、わたくしどものパックツアーの中に、カエルランドさんを組み込みたいと思います。

スマートな会計

終了時間が近づいたら、洗面所に立ったときなどに会計を済ませましょう。お金を支払う場面を見られないようにするほうがスマートです。また、2次会、3次会と続く可能性もあるので、お金は余分に持つorクレジットカードを持参しましょう。

退職・転職のルール

Rules of Leaving a Company and Changing Jobs

退職の意思の伝えかた

いきなり退職届を出すのではなく、まずは直属の上司に相談します。退職理由は、「人間関係の問題」や「給料の不満」などネガティブなものではなく、

一度しかない人生と思い、以前から興味のある分野で自分の実力を試してみたいと思いました

など、あくまで前向きな理由を。これまでお世話になったお礼もしっかりのべましょう。

ただし、家族の介護など、やむにやまれぬ理由の場合は、その旨をしっかり伝えること。

辞めるまでの期間

(法的には2週間前までに意思表示することが原則ですが、)遅くても、3か月前までには申し出ましょう。引き継ぎなどには、それくらいの期間を要します。また、有給休暇が残っていたとしても引き継ぎをきちんと終らせることが優先です。「権利(有休)」は、「義務(引き継ぎ)」を果たして、初めて主張できます。

「退職願」の書きかた

「届」ではなく「願」とします。具体的な理由に触れず、「一身上の都合」でOK。「辞表」は、取締役など、上の立場の人間が使う言葉。

退職願

平成0年0月0日

株式会社メダカ出版
代表取締役社長
000 000殿

月刊メダカ編集部
横田ナツミ 横田

私はこのたび一身上の都合により、平成0年0月0日をもって退職いたしたく、お願い申し上げます。

持ち帰る物、残す物

資料類やパソコン・ディスクの中のデータは細心の注意を払って消去・整理し、後任者にもわかりやすいように。

自分の名刺、仕事相手にいただいた名刺、すべて会社に残します。

TIPS

自分が使っていた物でも経費で購入した物は、会社に残しておきます。

引き継ぎのルール

口頭だけの連絡は、聞き違い、言い忘れ、記憶違いもあるので必ず文章やメモにします。

仕事相手の連絡先は一覧に。

退職、転職後に、後任者から質問の連絡があった場合は、快く答えて。


退職願が受理された後、上司とともに取引先にあいさつに行ったり、積極的に後任者を仕事相手に紹介します。

このとき、後任者の優秀さを強調するような紹介を。

○○は、この分野に最も通じている人間ですから、必ず私よりよいアイディアを提案できると思います。

同僚への報告

同僚らには、退職願が正式に受理されてから打ち明けましょう。余裕を持って引き継ぎを行うことも大事ですが、あまり早い段階でオープンにすると、噂が先行して業務や引き継ぎに悪影響が出ることもあります。社内社外ともに、おつき合いのあった人には、退職後にあいさつ状や近況報告を送るのが一般的です。

転職先が同じ業界のときは

機密情報の漏れを疑われたり、会社によっては競合他社への転職を禁じている場合があります。そのため、退職するまでは「一身上の都合」として転職先を明かさないほうが無難なことも。

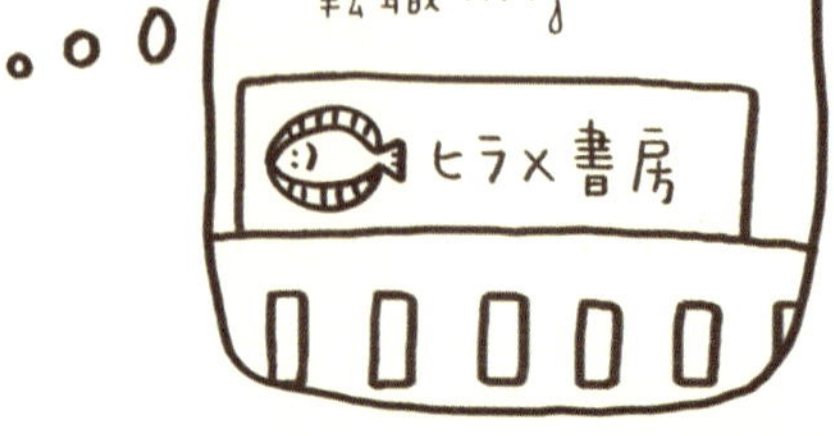

辞めた会社・仕事も財産

より労働条件のよい（給料が高いなど）会社に転職するからといって、それを鼻にかけたり、不満があって退職を決めたからといって、それを「あとは野となれ山となれ」とばかりに訴えるのは損です。その一瞬は気分がいいかもしれませんが、その会社・仕事で得た人的つながりなど、「財産」を失うことになりかねません。

転職と新しい会社での心得

転職してきた人に対して、「なぜこの人は、前の仕事を辞めたのだろう。何かあったのかな？」と、不安もあるもの。また、あまり前の仕事、会社、キャリアの自慢をされると、「それなのになぜ転職したの？」と攻撃的な気持ちになるもの。

ヒラメ書房に入って、
ヒラメ児童書シリーズの編集を
したくて転職しました

自慢するのは
「今の会社に入れた（この仕事に就けた）自分の幸運さ」という姿勢で。

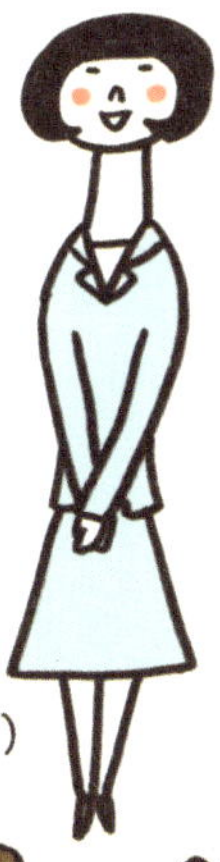

「中途入社」は、それまでのあなたのキャリアを買われたということですが、あまり前の仕事・会社の流儀にとらわれ過ぎないこと。

武道でいう「守」「破」「離」というステップを大切に。

守＝（指導者の）教えを守り、実行すること。

破＝自分流のアレンジを少しずつ加えること。

離＝指導者のもとを離れ、自分流を確立、発展させること。

私事の報告にまつわるルール

Rules on Reporting Private Matters

ーキリントラベルー
キリントラベル
課長
私事について相談したいのですが
相談するシチュエーション
話をする場は、ほかの人に話を聞かれない（職場の）別室などが○。ただし、就業時間中を私事にさくことに抵抗を感じる上司もいるので、時間や場所は上司にまかせましょう。退社後の話し合いになったときは、できれば、アルコールの席は避けたほうが無難。
結婚の報告
日どりが決まったら、まずは直属の上司に報告します。
そうですか。6月に結婚。おめでとう…
取引先にも休暇の連絡を忘れないように
・・・
その後、取引先の担当者などに「私事ですが」と前置きし、挙式の日どり等、なるべく早めに報告し、休暇をとる際の相談をする必要があります。披露宴やパーティーに招待するのであれば、招待状は式の1か月から40日前までに出すのが慣習。
それでお願いがあるのですが
招待状の準備に時間がかかって発送が遅れそうなら、まずは口頭で伝え、予定をいただくようにしましょう。
披露宴に会社関係者を招くときは
自分の会社では上司と、近しい同僚を招くのが通例。取引先の人を招待するなら直接の担当者とその上司程度が一般的です。
披露宴のスピーチですか…
ニガテだけどがんばるよ
そのかわりといっちゃあなんですが、新婚旅行はうちのパックツアーで…
もちろんですよ♥

先輩、新婚旅行のおみやげです
ありがとう
ところでいろいろ申請は済んだの？
結婚後の名字
（男女とも）名字が変わる場合は、（保険などの手続きのため）人事担当者にも報告しないといけないの。でも、旧姓のほうが仕事がスムーズにいくのであれば、〝ビジネスネーム〟として、名刺や呼び名だけはそのままでもOKよ
ビジネスネーム…
引越しの報告
あ、あと新居に越したら、それも報告しないと…
転居する際は、必ず上司、そして人事、総務に報告しましょう。会社によっては書類上の様々な手続きがあります。
転居届けを出さないまま新しいルートで通勤をし、事故などに遭った場合、労災の請求が難しくなってしまうから、きちんと届けてね
先輩のおかげでもろもろの手続きはぜーんぶOK!!
心機一転、先輩みたいなキャリアウーマン目指してがんばります!!
ウっっ

私事について ご相談が…
もしや離婚!?
!
課長
…
!
おめでた!?

妊娠の報告

いろいろ考えましたが、育児に専念したいと思います。

妊娠初期には、精神的・肉体的負担が、身体的に悪い影響を与えることがあります。直接の上司には、妊娠がわかった時点で報告しましょう。仕事の分量などを配慮してもらうことで、妊娠期の不安定な時期を安心してすごせます。また、上司も、後任・引き継ぎを早い段階から考えることができます。同僚など、周囲へは、安定期に入ってからがよいでしょう。

男性は、配偶者の出産予定日の3〜4か月前までには上司に伝えます。出産と同時に人事部などに連絡し、人事規定の扶養者変更などの手続きをします。

退職の相談

まずは、直属の上司に申し出ます。ただし、急な申し出では周りの人に迷惑がかかるので、少なくとも3か月前に申し出るのがマナー。同僚などには、退社届が受理されてから打ち明けましょう。受理前に触れまわると、無責任な噂になったり、引き継ぎがうまくいかなかったり…というトラブルに発展する可能性もあります。

バレてましたか…
…
課長も、いつまでもひきずってないで、パーッと飲んで忘れましょ！

ほら課長、飲んで食べてスッキリあきらめましょう!!
課長にもそのうちいい人があらわれますよ。だって課長はいい人だし!
仕事にも誠実だから、先輩の私をさしおいて課長に昇進したじゃないですか!
自信持って元気出してください
なんか、元気出てきました!
飲むぞー
食うぞー
いて…
いてて 二日酔いだ
でもふっきれた感じだし、仕事に燃えるぞ。
RRRR
入院!?
入院したら
突然の場合、できるかぎり早く上司に連絡し、進行中の業務について報告をし、取引先などへの連絡をお願いします。お見舞いをいただいたら、快復後に「快気祝い」として、お見舞いの3分の1か半額程度の物をお返しします。
はい…、きのう食べすぎて急性胃腸炎になってしまって…。
入院や手術の予定が決められるものならば早めに相談・報告を。

キリントラベル
えー!? ほんとに!? 課長と先輩が?!

気をつけなくてはいけないこと

こそこそつき合うのはイヤだからと、職場恋愛をオープンにすると、周囲が気まずい思いをすることも。また、職場内での恋愛が公になっている場合でも、ほかの同僚と同じように接しましょう。

そういえば先輩が退院したとき、課長すごくうれしそうだったよね
それに、最近課長、先輩のこと「池本さん」じゃなくて「朋代さん」って呼んでるしね。
つき合ってなくても、課長が先輩を好きだってことはまちがいないと思います!
課長がベタボレって感じだよね。先輩、人事考課上がるかもしれないよ

呼びかたを変えたり、私用のメールをやりとりしたりは厳禁。

最も気をつけるべきことは、「プライベートな感情を仕事の場に持ちこんでいる」と誤解されないよう振る舞うこと。

デートに誘う

プライベートな約束は、就業後に。もし、誘う場合は、相手に気まずい思いをさせないように。誘われて断る場合は、相手を傷つけないようにします。今後も同じ職場で働く仲間なので細心の注意を払いましょう。

社内恋愛、職場結婚NG集

- 昼休みや休み時間に職場内でふたりきりになる。
- 仕事に私情をはさむ（ケンカをして仕事に支障をきたす、仕事関係者に嫉妬するなど）
- "お泊り"して前の日と同じ服で出勤。
- 同じ部署、社内で恋愛を繰り返す。
- 挙式の予定を直前になって上司に報告する。

職場結婚

結婚の話が具体的になった時点で上司や同僚に報告しましょう。
日どりが決まったら、それも報告し、スピーチや披露宴への出席のお願いも。

セクハラに遭った

まずは、不快に感じていることをハッキリした言葉とクールな態度で相手に伝えます。その後、どうしても改善されないようであれば、先輩や上司に相談しましょう。

※女性が男性に言ってもセクハラです。

太田さん、太った？今何キロ？
※洋服のサイズや体重などを聞く
毎日、残業してるけど、デートの予定ないの？あ、彼氏はいないの？
※プライベートなことにつっこむ。

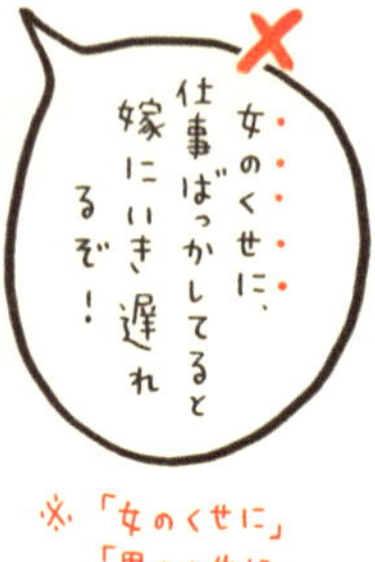
女のくせに、仕事ばっかしてると嫁にいき遅れるぞ！
※「女のくせに」「男のくせに」などという差別発言

部長に言いつけてやる！

上司、同僚とソリが合わない

どこにでも、自分と合う人、合わない人はいるもの。ニガテだからといって態度に出すのは社会人としてNG。ニガテな人を作らないのが、仕事を快適にするコツ。ニガテな人にこそ近づいて、ニガテ意識をなくしましょう。

あっちもこっちも雲ゆきがあやしいね
あらー!?
斉田さん、ボクの財布知りません!?
ちょっと!!
それどういう意味!?
うたがってんの!?

ケンカをしてしまった

相手に原因があった場合でも、同じ職場の人とケンカをするのは絶対にダメ。自分も相手と同様に、「社会ルールが守れない人間」と見なされます。

もちろん、仕事に関することで、仕事を成功させるための議論はOK。たとえ自分と意見が異なってもとことん話し合います。そして、どのような結果になっても、感情をスッキリさせ、次の仕事へ進みましょう。

盗難

まずは職場内だからと、貴重品を机上に出しっぱなしにしたり、ハンガーにかけた洋服のポケットに入れたままにしないこと。被害に遭った場合は、上司や総務担当などに相談しましょう。自分で犯人探しを始めると、職場の人間関係がギクシャクして、仕事に支障をきたします。

噂話、悪口

どちらも参加しないのに越したことはありません。安易に「そうだね」と同調してしまうと、後々自分が発信元にされかねません。噂や悪口を聞かされたときは、あいづちは「へえ」「知らなかった」と、あいまいにしておきましょう。

その一方で、あまりに聖人君子的に振る舞いすぎると、ちょっと本音を言ったときに、「本心ではいつもそんなことを考えていたんだ」と思われてしまいます。本人に伝えたいことがあれば、「悪口」を言うのではなく、キチンと「忠告」として伝えるのがお互いがハッピーになるためのコツです。

イジメに遭った

悪口や幼稚なイジメは無視を。そのストレスが原因で仕事のミスをすると、相手が喜ぶだけ。どうしてもガマンができなくなったら、先輩や上司に相談しましょう。

お金の貸し借り

貸し借りはしないのがベスト。借りたほうは忘れやすく、貸したほうは忘れないもの。たった1000円でもわだかまりが残ります。

貸す場合、1000円以下なら"あげる"つもりで"返されなくてもいいや"くらいの心づもりも必要です。

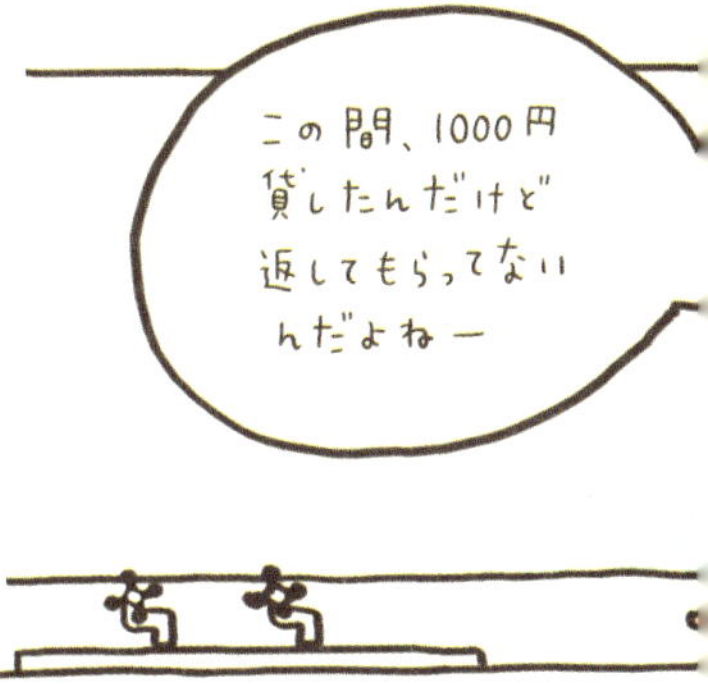
この間、1000円貸したんだけど返してもらってないんだよねー

ごごめんなさい!!
忙しくて、つい忘れちゃって本当にごめんなさい!! い、今返します!!

誤解をされたとき

相手がどんな誤解をしているのか、内容を確かめましょう。そして、時間をかけて誤解をとく努力を！

感情的に否定するのではなく「勘違いさせて、ごめんね」と、あくまで自分に落ち度があったことを詫びる言いかたで。

フリーwebデザイナー
You've got a mail ♪
今週、打ち合わせ以外、誰とも話してないな…
お、メールだ
コキコキ
つかれた…
……
忘年会のお誘い。
S編集プロダクションの野口さんからだ。
人脈作りに必要な行動
ふだんなかなか人との出会いがない人は、仕事関係の飲み会やパーティー、展示会など、たくさんの人が集まる場所には積極的に参加するようにしましょう。
どうしようかな
私、人見知りだしな
パーティーなどがないときは自分で企画するのも手。知り合いの知り合い……とたどっていくと、意外とおもしろい人との出会いが期待できます。
ー忘年会ー
カンパーイ
参加したら、ふだんは話さない人にも話しかけてみて。誰かが、話しかけてくれるのを待つという、受け身の態度では交友関係は広がりません。
…

ネットワーク、人脈作り

Building Up a Network of Connections

田辺さん、お久しぶりです。
お久しぶりです

おかげさまで、カエルチョコのホームページ好評でしたよ
始めはどうなることかと思ったけど
ヨレッ
田辺さんにお願いしてよかったです

またまた、そんなおせじを。私なんてまだまだダメなんです。ほかの人のほうがむしろよかったかも知れませんよ…。

愛される人材になるために

好かれる人材になるには、先に自分が相手を好きになる必要があります。

偉そうな態度や、逆にひくつな態度をとらないようつねに注意しましょう。

たとえば、好きなタレントがどういう映画に出ているか、またその人のライフスタイル、オススメのものなどは、ファンならかならずおさえているはず。相手のことをより好きになるためには、日頃からその人の好きなものを心に留めるように。

じーっ
な、何？

ただし、行き過ぎ、せんさくのし過ぎには要注意。

野口さんにほめられたの、初めて。うれしい…。
た、田辺さんっ
はっ
田辺さん?
もっと親しくなりたい
仕事でかかわるだけでは、なかなか親しくなりにくいもの。〝あの人ともっと話してみたい〟と思ったら、勇気を出してランチかお茶に誘ってみましょう。
相手が異性なら、もうひとり、同じ仕事の関係者を誘っておいたほうが無難。
えっと、あの、近いうちにランチに行きませんか? 2人で!!
ぐいっ
残念ですが、年内はもうスケジュールいっぱいで…
ボクは平気ですよ。ランチじゃなくてディナーはどうですか
夜、食事をしたり、お酒を一緒に飲んだりするのは、順序をふんでから。相手から誘われて自分でOKだと思えば行きましょう。お酒の入る席では、相手のまた違った一面を知ることができます。
ええ、あ、いいえ
予定がいっぱいでした。

野口さん!!
来年もよろしくお願いします
よいお年を
お気をつけて!
―おひらき―

今後も一緒に仕事をしたい

いつも迷っているときにタイミングよく連絡をくれたり、何がいちばん重要かを的確に伝えてくれる野口さんの指示は、とてもわかりやすかったです!

カエルチョコプロジェクトでは(今回は)大変楽しくお仕事をご一緒させていただきました。ありがとうございます。

こんなふうに言われれば相手もうれしいもの。

また、仕事相手の(仕事ぶりの)どこが素晴らしかったのか、(特に、相手が自分では気づいていない長所など)をうまく伝えられれば相手にとってあなたは「メリットのある人間」になります。

折あるごとに(1〜2か月後を目安に)ちょっとした季節のあいさつやメールなどをやりとりして、つねに連絡を絶やさないのも大事。

いえいえこちらこそ…

監修◎西出博子（にしでひろこ）
国会議員、政治経済ジャーナリストの秘書を経て、ビジネスマナー講師として独立。1998年渡英。英国法人WitH Ltd.（ウイズリミテッド）をDr. Waggottと設立し、日本にマナーの新風を吹き込むビジネスマナーコンサルタントとして、企業のコンサルティングや研修などを行う。著書は『成功と幸せをつかむ英国式ありがとうの会話術』（日本実業出版社）、『完全ビジネスマナー』（河出書房新社）など多数。WitH Ltd.（http://www.withltd.com）

絵◎伊藤美樹（いとうみき）
神奈川県生まれ、東京都在住。血液型はO型。ふいに思いたって、2001年よりフリーのイラストレーターとして活動開始。好きなことは、モノを創ること、食べること、飲むこと、笑うこと、散歩、そして絵を描くこと。著書に『食べ方のマナーとコツ』『贈り方のマナーとコツ』『話し方のマナーとコツ』（いずれも学研）、『おうち歳時記』（成美堂出版）。（http://homepage2.nifty.com/miki_campus/）

暮らしの絵本
お仕事のマナーとコツ

二〇〇六年三月一五日 初版発行

発行人 太丸伸章
編集人 金谷敏博
編集長 千代延勝利
編集担当 目黒哲也
発行所 株式会社 学習研究社
〒一四五―八五〇二 東京都大田区上池台四―四〇―五
データ製作 株式会社 ディーキューブ
印刷所 日本写真印刷株式会社

お客様へ
●ご購入、ご注文は、お近くの書店へお願いします。
●この本についてのご質問は次のところへお願いします。
・編集内容に関しては、電話：〇三―三七二六―八三一三（編集部直通）
・在庫、不良品に関しては、電話：〇三―三七二六―八一八八（出版営業部）
・アンケートハガキの個人情報に関しては、電話：〇三―三七二六―八五三四（学校・社会教育出版事業部）
・そのほかのこの本に関しては
学研お客様センター「暮らしの絵本 お仕事のマナーとコツ」係
文書は、〒一四六―八五〇二 東京都大田区仲池上一―一七―一五
電話は、〇三―三七二六―八一二四へお願いいたします。